我的青春我的梦

全国中学生校园美文精品集萃丛书

相逢一笑，几许少年心事

# 你又何必拒绝温柔抵达

《中学生博览》杂志社 选编

时代文艺出版社

图书在版编目（CIP）数据

你又何必拒绝温柔抵达 /《中学生博览》杂志社选编．—长春：时代文艺出版社，2018.8（2023.6重印）
（“我的青春我的梦”全国中学生校园美文精品集萃丛书）

ISBN 978-7-5387-5767-5

Ⅰ.①你… Ⅱ.①中… Ⅲ.①作文－中学－选集 Ⅳ.①H194.5

中国版本图书馆CIP数据核字（2018）第003489号

出品人　陈　琛
产品总监　郭力家
责任编辑　曾艳纯
装帧设计　李　斌
排版制作　隋淑凤



你又何必拒绝温柔抵达

《中学生博览》杂志社　选编

---

出版发行 / 时代文艺出版社
地址 / 长春市福祉大路5788号　龙腾国际大厦A座15层　邮编 / 130118
总编办 / 0431-81629751　发行部 / 0431-81629758
官方微博 / weibo.com / tlapress
印刷 / 北京一鑫印务有限责任公司
开本 / 700mm × 980mm　1 / 16　字数 / 153千字　印张 / 11
版次 / 2018年8月第1版　印次 / 2023年6月第5次印刷　定价 / 34.80元

---

图书如有印装错误　请寄回印厂调换

# 编 委 会

# 目录

## 文在身上的刺青，洗去的时候才知道有多痛



## 时光清浅，许你安然

## 可惜你不是水瓶座

## 温柔只给意中人

## 你又何必拒绝温柔抵达

## 文在身上的刺青，洗去的时候才知道有多痛

现在，你抱着一摞书坐在我面前，阳光拨开层层云雾照在你干净的脚踝上，发出温暖的光芒。我问你："刺青是文的时候疼，还是洗去的时候疼？"你呷一口清茶，冲我明媚地笑："一开始我以为文刺青疼，可洗掉它的时候才知道根本不是那么回事。洗掉才痛，痛之入骨。不过还好，我已经把刺拔了。"

# 文在身上的刺青，洗去的时候才知道有多痛

栲安

你坐在我对面，眼神平静柔和，杯中的热气撕破干冷的空气袅袅上升，模糊了你的面容。我凝视着地面，余光却无意中捕捉到了你干净的脚踝，顿时呼吸一滞："刺青怎么没了？"一群冬风推推搡搡地跑过，吹散了你我之间氤氲的白雾，我看见了你漆黑的眸子。你轻声回答："洗掉了。我这才发现他已经老了。"我怅然，不知该如何开口。

你是我见到过的活得最放肆的姑娘。你桀骜不驯，顶着一头红发招摇过市，却能在酒吧里读散文集读到天昏地暗；你凶狠不羁，跟别人打架，抄起凳子就敢往对方头上招呼，书包里放的不是书，而是瓶瓶罐罐的化妆品和一把刀。

可能是因为你七岁那年父母离异，你对他只剩下了恨，此后便再也没叫过他一声"爸爸"。你不愿别人提起他，如果有谁问你："你爸呢？"你就会像被蜇了一样跳起来大吼："我没有爸爸！"几乎所有人都认为你是个坏女孩儿，只有跟你相处久了，才会清楚你的为人。外面的世界灯红酒绿，你只是迷了路。

那天是你的生日，他在厨房里忙活了很久，终于做出一大桌丰盛的饭菜。你回家后，他给你盛了碗汤，小心翼翼地坐了下来。你盯着一桌菜出神："如果当初跟妈妈生活，那我现在会不会幸福很多？"他听

见这话后脸色突然变了，夺过你面前的那碗汤狠狠摔在地上，瓷片尖叫着四下逃散，黄澄澄的汤在地板上开出了绚丽的花。你漠然地看着这一切，然后漫不经心地伸手拂去衣服上的油珠。他颤抖地指着你："对不起！给我当女儿让你丢人了！"你冲他嘲讽地笑笑，拉开门头也不回地大步走出去，背影融入茫茫的夜色里。留下他站在原地，绝望地看着一地狼藉，无力地抓住自己的头发，那只破碎的瓷碗，就像他那颗千疮百孔的心。那晚，你去了城南的刺青店，在自己的脚踝上文了一条带刺的荆棘。他等不到你回来，打遍了我们的电话，焦急地询问你的去向。

那夜你回家时已经凌晨两点多，当你再次出现在他面前，没有想象中的拥抱，更没有热泪盈眶，他只是沉默地看着你。当看到你脚踝的刺青和周边红肿的皮肤时，目光骤然一紧，狠狠地给了你一巴掌！我们大惊失色，你却不屑地笑着，迎上他阴沉的目光。你那么偏激，我们没人敢劝你，只能在心里摇头叹息。

世界那么黑，你还要多久才肯回来?

后来，你病倒了，深夜里高烧不退。他手忙脚乱地帮你倒水，你咬紧了牙关不肯吃药，他就从柜子里摸出一瓶五粮液毫不犹豫地倒在盆里，笨拙地用毛巾给你物理降温，可你依旧高烧不退。他背起你冲出家门，拼命朝附近的医院跑去。你趴在他宽厚的背上，他大口大口地喘着粗气，步伐已不再矫健。明明是冬天，他却汗如雨下。他一边跑一边大声冲你说："乖囡再坚持一下啊，就快到……"话还没说完，突然脚下一绊，你和他都摔倒在地上。他顾不上脚上传来的刺痛，连忙跑过去想把你再背起来，却发现自己的脚已经扭伤了。凌晨的大街上空空荡荡，只有冷风打着旋在空中滑过，他只好握着你的手一瘸一拐地向医院走去。这天晚上，这个一米八高的中年汉子流泪了：

"乖囡，我是不是很没用？难怪你不想叫我'爸爸'了。"

"我不图什么，只想让你好好地生活，以后别再糟蹋自己了。"

"爸爸老了，连囡囡都背不动了，不要怪爸爸。"

"没能给你好的生活，让你失望了。"

你被他牵着跌跌撞撞地走着，在清冷无人的马路，一步一步走尽酸楚。你泪如雨下："不怪你，是我太重了，爸……"月亮一直温柔地看着你们，你终于哭出声来。

现在，你抱着一摞书坐在我面前，阳光拨开层层云雾照在你干净的脚踝上，发出温暖的光芒。我问你："刺青是文的时候疼，还是洗去的时候疼？"你呷一口清茶，冲我明媚地笑："一开始我以为文刺青疼，可洗掉它的时候才知道根本不是那么回事。洗掉才痛，痛之入骨。不过还好，我已经把刺拔了。"

曾经的自己是否委曲求全，是否心灰意冷，是否伤痕累累，是否踉踉跄跄。经历过几次失望，品尝过几分惆怅，在无边的黑夜里几多徘徊，最终才看见了回家的方向。

不要哭，你看，天就快亮了。

他用十年光阴换你回头，人生能有几个十年？幸而你也终于理解了他。于是你用最漫长的时间与带刺的自己告别，从此走在了更好的路上。

# 提醒自己

梁堃煊

古老的岁月之钟已然被敲响，漂泊的岁月将记忆卷入过去，回首细望，依稀清亮，依稀明朗，只因经历教会我在人生中要时时提醒自己，迎来明媚阳光。

那年5月，初夏清晨，灰烬查封了凌霜的屋顶。教室里，语文老师站在讲台上准备公布作文竞赛成绩，试图平静的我还是抑制不住内心的紧张与期待。

一个个熟悉的名字从耳畔响过，我的心已如朽木般再无欣喜，期待之后的失望、痛苦更胜一筹。朋友的安慰令我不悦，可内心始终有一个声音在提醒自己：永不言败！

心中荆棘的杂念渐散，今日过去还有明日，我选择了努力，奋起。微微泛白的晨光中我早早起床，执笔。斑驳的微光透过厚冷的窗泻在淡白的书页上如摊开的皮影，几多喜鹊上枝头的清亮鸣欢，不少笔尖摩挲书页的沙哑。

暗夜中，我端坐于桌前，寻觅着优美的词句。我手捧书卷翔游其间，忘了周遭的纷乱，忘了生命中要面对的可怖的事。时间无情地流逝，笔尖不停地旋转。桌角的阅读卷子、古诗文阅读被堆砌得越来越高。深夜空中已无亮星，夜静谧得像无声的电影。睡意愈加浓烈，头脑愈加混沌，又何尝不想放弃，懈怠之际，我总会提醒自己：奋斗过才无遗憾。

在不多的闲暇时间，我也领略了龙应台为人母的心酸，徐志摩再别康桥之不舍；体会了三毛的青春，安意如“人生若只如初见”的丝缕魂牵梦绕……而这些有力的文字也在时时提醒我：挨过了黑暗，远处定然有美丽的阳光。

有一个5月不期而至，作文竞赛的再次来临对于自信的我已无威慑，然而当听到自己的名字从获奖名单中被念及，那种苦尽甘来的喜悦还是不可避免地涌上心头。成功之际，我仍未忘记提醒自己：切莫以花红为荣，未来之路长矣。

漫步人生长林寻路前行，荧光闪烁不断，时刻牢记，时刻提醒，体验每一粒飘浮的微尘，一路走来，孤独而丰盈，提醒自己，经历人生，以独有的姿态，永不言败。

# 没有人迁就我，除了你

梦逸清尘

昨天我因为心情不好发了一条略带抱怨的动态，你看到后在QQ上要我的手机号，我固执地不给，因为我希望这个跨越了大半个中国的长途电话由我来打，你竟也不依。我看争执不下就把手机号发了过去。很奇怪，时隔三年后接到你的电话依然不会感到陌生忸怩。

电话里你不时地说些玩笑话，试图宽慰我沉郁的心。我突然觉得以前的“大山”回来了，从我的灵魂深处归来，历经了三年的漂泊。

从高二你离开学校到现在已经三年多没见过你了，我一直都记得那年你对我说过的话，你说我们要好好学习，要考同一所大学，我欣喜地满口答应，没想到最终失约的竟是你。

你说你后悔没上大学，身边的朋友都是大学生，只有你是打工仔，我突然不知该说些什么，就质问你为什么当初选择辍学。你说你也不知道当时哪根筋不对，就是极度不愿留在学校。

我说你坚决要走的时候我都哭了，多么希望你能留下来，但你却决绝地离开了学校，离开了我。说完这些话时，我的眼泪又抑制不住地流了满脸。不知道是因心情不好还是因为对你的怀念，我想应该两种都有。听得出来你也有些哽咽，后来我们匆匆挂了电话。

真的，除了你没有人迁就我。你走了，我感觉我永生在孤独的黑夜里。我不像其他性格开朗的孩子，从不主动与人说话，也不知道如何经营一份友情。所以高三那年我没有朋友，你走了我就只有我自己。

记得高二那年，我不合群地活在自己的世界里，上体育课时别的同学都三五成群地簇拥在一起玩耍，我自己却只愿找一个没人的角落待着，脑袋里天马行空地想一些不切实际的东西。

不了解我的人以为我不容易接触，所以没有人愿意和一个木头似的我打交道。你不一样，你总是亲切地走来和我说话，像一个邻家大姐姐，虽然实际上我比你的年龄还要大。后来我发现这都源于你的善良，因为你对一个被全班女生排斥的偷过别人东西的女生也很宽容，没有人愿意和她走在一起的时候，你会叫她过来一起走。我现在变得可以对很多人包容原谅，可能就是受你的影响。

你从来没有忘记过我，虽然你快忘了我的样子，也不知道我现在是胖是瘦。“大山”这个名字是我给你起的，那时你叫我“大思”，我就顺口叫了你“大山”，因为你的名字里有个与“山”同音的“珊”。后来我们对彼此的称呼延续到了现在，至今你还是一口一个“大思”地叫着，我也依然喊你“大山”。



心情不好的时候，内心的堡垒是垮塌的。你不知道我接你电话时正在五楼的天台上吹风，那时天空飘着密集的小雨，我的头发上覆盖了一层湿漉漉的小水珠，像草上密布的露水，心事也被打湿。我不是个脆弱的姑娘，但我有心事的时候同样需要人安慰，需要一个可以随意倾吐的人，甚至一个可以依靠的肩膀。而你就是我的肩膀。

我们不是同桌，但每次的午休时间你总坐到我同桌的座位上，我们或说话或写作业或趴在桌上睡觉。可能对于一个性格内向的人来说，很难接受一个人的情谊，也很容易接受一个人的情谊。那时我觉得我的世界是繁华的，即使除了你之外我没有其他朋友，但你就是我的全部世界。

父亲节那天你问我有没有往家里打电话，我说不用打，因为我是个不善于表露感情的人，感谢或祝福类的话从没有对家人说过。你说怎么可以不打电话呢，说着便把手机给我让我打，我坚决不打，你说那就发条短信。从那之后，每逢过节我都往家里打电话，是你让我明白有爱要及时表达。

有人说朋友就像是一面镜子，在他面前你可以看到自己的优点与不足之处。也有人说最适合的爱人是互补的。其实朋友之间又何尝不是如此？你说千万不要忘了你，怎么会呢？感谢你在我最孤独的岁月里给过我温暖，你才是我苦苦找寻多年的知己。

# 那剩下的半辈子我来陪你

清 席

## 1

我不太记得我们的第一次相见了，我使劲儿回想，也勾勒不出你当时的模样，你肯定也是不记得了，毕竟七年了。

我记得你第一次回家时是我抱着的，刚进到屋子里奶奶告诉我小黑不见了。小黑是爸爸的老同学送给我的，一条纯黑色的小狗，我喜欢得紧，但它才被送来没多久，与我不甚相熟，估计挣了绑在桌子腿上的绳子，循着路回旧主人家去了吧。换作平时，我估计要哭着喊奶奶同我出去寻它了。但当时你在我怀中，那么小，安安静静的，我头都没抬回了奶奶一句："不见了就不见了吧。"

小黑后来被奶奶找到了，它没有寻回旧主人家里，就在离家不远的小巷子里。但后来它还是被爸爸送回去了，因为它晚上会吠，这一吠扰了你的好梦，你便哇哇大哭，你一哭，爸爸妈妈便睡不了安稳觉。小黑被送走的时候我没有哭，妈妈见状也是松了一口气。因为她曾送走我的一只猫，我因此哭了一整晚。这次我没有哭，是因为，比起小黑，我更喜欢你啊。

## 2

咱们俩相差十岁，当初我陪妈妈去医院检查，站在旁边的阿姨们都在讨论："老大都这么大了啊，差了好多岁吧！？"妈妈没说什么，我站在一旁，对着四面投来的目光，面无表情地回望。

事实证明，相差十岁是最完美的。因为比你多活十年的我早过了自私、小气、事事相争的年纪。相反，我处处让着你，用力对你好。认识的人都说我比妈妈还宠你，还说让我别把你宠坏了。怎么会呢，你这么可爱的一个小白团子，我就乐意把我身边所有好东西都给你。你上一年级后我总是对你说："以后我就负责赚钱，你和爸爸妈妈就负责吃喝享乐。"

除了这样，我还不能忍受别人欺负你。奶奶家前面那一户的臭小子就经常欺负你。有一次他竟然还让别的孩子来叫你出去，说是要打你。我当时就火了，我管他是不是在跟你开玩笑，管他是不是年少无知，冲出大门对着那个跑腿的小孩儿大吼："你把他给我叫来，看我今天不打死他！我妹好欺负？我今天让你们瞧瞧欺负她是什么下场！你把他给我叫来我打死他！"后来奶奶将我拖进屋，这也许是她第一次看到如此失控的我，因为在她眼里，我内向少语，甚至算得上孤僻。那晚我蹲在奶奶身边，哭了。自打十二岁起，我就不愿意在身边有人的情况下哭，除了你。而那晚的我似乎早已脱离了自己的控制。我低声呜咽着，最后肿着眼睛，带着重重的鼻音对奶奶说："我会变得很强大，也会让全家人能重新挺直腰板，让你们不再活得那么辛苦。"

那晚我一直到半夜才入睡，因那所有记忆和苦痛都扑面而来，我被笼罩得动弹不得。

## 3

我总是说，我的记忆是从2008年开始的，而那之前，活在这世界上的应该是另一个我，否则我不会什么都记不得。

2008年，不仅因为那一年你来到了这个世界上，不仅因为那年北京召开了奥林匹克运动会，还因为那之后的第二年，家里出了事。父母不得不带着年幼的你离开老家，然后将我寄养在了三姨家中。多少个黑夜我无声地哭着，一边喘息一边小心翼翼地生怕吵醒表妹。三姨夫不太喜欢我，他对我做的事挑三拣四，他跟三姨说："自己的孩子可以宠坏，别人家的孩子要管好。"听上去很有道理，但无论是当年尚且年少的我，还是如今的我，都不愿意承认当年那些不公平的待遇是一种眷顾。奶奶曾经红着眼眶说："为什么我们家的孩子要在大冬天站在外面洗他们一家人的衣服？"我努力试着忘记这些过往，毕竟三姨和表妹待我很好，但是，忘不了就是忘不了，真真是比那衣物上的污垢还要顽固。



后来我被接到爷爷奶奶家住，你也被接了回来。事实上你同爸爸妈妈在外面过得也并不好。他们在那个房价高得吓人的地方租了一间不到二十平方米的小屋，全部的收入来源就是爸爸开着摩托车出去载客，而那里对摩托车看得严，爸爸的车时常会被交警扣留。那年的五一假期，我第一次来到那二十平方米的小屋，看着妈妈炒一碗米饭都不舍得放油，用力握紧拳头让蓄满眼眶的泪水不流出来。

你还很小，离了爸爸妈妈自是会哭闹，纵使白天玩耍时会暂且忘记，但夜里，思念的洪水就会扑来。我会在半夜里找出玩具陪你玩直到你再次入睡，会在你哭着找妈妈的时候抱着你爬上房顶看星星。你哭我也跟着哭，但我努力忍住，用颤抖的嗓音告诉你爸爸妈妈很快会回来。而这话，也是告诉我自己。

## 4

这些年你时常在老家和爸爸妈妈那儿交替生活。也许是麻木了吧，后来的我们都不哭泣，只有在车站时看着红着眼眶的妈妈，才会又几度哽咽，用力抱着她。他们这一路来，又何尝容易。

你在爸爸妈妈那儿生活的时候，每每我假期结束要独自回老家，爸爸都要把你抱出去玩，因为如果你在，你会伸长手臂，哭着喊姐姐，不让我走。我们一同回老家时，在回程的班车上，我会落泪，而你，会红着眼眶帮我擦泪。那时候，我就会觉得，你是真的长大了啊。

## 5

熟知我的人笑骂我人格分裂，因为我在外人眼中就是一个开朗搞笑的女汉子，私底下话却很少。我容易焦躁，随着你年龄的增长若你做错事情撞上我烦躁之时我就会凶你。但马上我又会十分后悔，然后向你道歉。你总说："没事啊，做错事情就该骂。"

上了一年级认的字多了起来，你便开始写日记，内容简短，有时还语序不通。我昨日放学回来，你给我看你这周的日记。"姐姐，我很想你，你想我吗？晚上想你的时候我会偷偷哭。"看着这短短几句夹杂着拼音的句子。我难过得说不出话来。

晚上你拿着手机放儿歌，"爱我你就陪陪我，爱我你就亲亲我，爱我你就夸夸我，爱我你就抱抱我……"我跟着歌词亲亲你抱抱你。然后我听见自己的声音响起来："我每次都会凶你真的对不起，我是一个十分不称职的姐姐。你之前说我不陪你玩，我在学校的时候晚上睡不着，就把这事拿起来想，我反省了自己我觉得我应该把时间多给你，马上就要高三学习紧张绝不应该成为借口。我觉得这辈子最幸福的事就是能跟你、爸爸妈妈、爷爷奶奶成为家人，如果有来生，我希望我们还是家人，不要分开。这么年幼的你心里究竟藏了多少苦痛，为什么要让你承受这么多？我希望所有的伤痛都由我来背。人家都说父母只能陪我们半辈子，这半辈子我们就要好好孝敬他们，爱他们。剩下半辈子怎么办呢？你不要怕，那剩下的半辈子，我来陪你……”

# 和你去远方

水 四

## NO.1 遇见你时，我也很小

人家说，有妹妹的哥哥一般都很温柔，有弟弟的姐姐会三秒变泼妇。但是没有人说过有妹妹的姐姐是什么样的呀，也没有人说，一个一直想要个弟弟最后却得到了一个妹妹的姐姐是什么样的呀。

第一次见到自家妹妹的时候，我五岁，她才刚刚出生。一张小脸皱皱巴巴的，小胳膊小腿还没有长开，细细的像一掰就断的火柴棍儿，小脑袋瓜上有几缕好笑的毛发，看起来像幼儿园卡通书里丑丑的外星人。

我看着老妈怀里的她，想摸摸又不敢伸手碰，生怕拿捏不准力度会伤到她。而一开始抱定的“如果生的不是弟弟，我就要把她扔进臭水沟里”的想法，早就被抛到九霄云外。一个和我是血缘至亲的小东西，一个以后会屁颠儿屁颠儿跟在我身后一口一句“姐姐姐姐”的小家伙儿，一个会缠着我给她买漂亮的橡皮筋、撒娇让我给她扎辫子的小女娃，光是想象，就欢喜得紧。

再然后，我极其殷勤地帮着小家伙儿取名字，强烈推荐诸如“丁丁，迪西，啦啦，波……”从天线宝宝到迪迦奥特曼，天天缠着老爸不知道念叨多少遍，罗列了自己知道的所有卡通人物。

呼，多庆幸当初老爸定力好，扛住了我泪眼婆娑卖萌打滚的强烈请求，要不然，真给俺家小姑娘取个名叫“苏老鸭”或者“苏哪吒”，那还得了！肯定天天跟我一哭二闹三上吊的。

## NO.2 已告别青果零零的旧时光

小家伙儿会走路后就特别喜欢逛超市（女生天性？），把她抱到购物车上坐着就会哭，反正就是两条腿闲不住非得要下地磨磨才行，以至于现在这丫头长不高全怪我当初没拦住她，害她从小就开始把腿往短了磨（哼！一堆歪理，也不看看自己每餐饭吃那一点点儿，营养都跟不上还想长高）。

总之每次去超市都苦了我这个当姐姐的，老妈搁那儿买菜，小家伙便不消停地四处跑，一颠儿一颠儿地逮着个缝隙就到处钻，无奈的我也只能拼了小命追。可是谁来告诉我，那熊孩子为什么会躲进人家挂着的一排衣服里？要不是她偷偷瞄到我找不到她，自鸣得意地“咯咯”笑得欢快被营业员发现，我恐怕就要当场上演一出“泪漫金山”了。所以说，这也不是我不想拦着她呀，她根本就没给咱机会拦。



后来，小家伙儿不玩儿捉迷藏了，开始打起超市自动扶梯的主意。扶梯右下角红彤彤的开关在她眼里貌似十分诱人。小小的身子咚咚地跑过去，趁保安一个不注意，“啪”地按下按钮，运行着的扶梯突然停下来，保安小哥回头看着灯火通明的超市很是迷茫——明明没有停电呀，怎么电梯不动了？

那坏坏的小家伙躲在一旁偷笑，我赶紧追上去逮住她，拖离案发现场。老妈总喜欢说我小时候调皮捣蛋，结果我们家妹妹比起我小时候更是有过之而无不及啊，没有最调皮，只有更调皮。

话虽然是这样说，我却忍不住在心里大赞一个。用刷子对图图的话来说，这真是很酷的恶作剧！

## NO.3 不知不觉岁月都长大

风吹雨成花，白马追不上时间。似乎我带着小家伙四处闹腾的光阴还在未走远的昨天，今天她就已经长成亭亭玉立的少女。虽然我止不住地嫌弃她豆芽菜一般的长势，懊恼她这么多年了还是像小时候那样瘦兮兮的，单薄得让人心疼。但是宽大的重点中学校服穿在她身上却还是有一种妥帖的美感，看起来乖巧又舒适（毕竟是我们家妹子，我不夸谁夸？）。

她呀，不再是当初那个稚嫩的孩童，不会吵着闹着要我帮她洗澡好打水仗玩，不会在洗澡后飞快地冲出浴室光着屁屁满屋子跑，不会再叫嚣着让我喊她姐，不再嚷嚷着要当老大，也不再动不动就像一只小兽一样龇牙咧嘴。她会把我们俩的房间都整理得干净整齐，会笑眯眯地喊我“姐姐”，偶尔埋怨我不拘小节不像女孩子是病得治，带着闽南腔的普通话音调听起来糯糯软软，让我恨不得把整个世界都捧到她面前。

忘了是在哪里看过这样一句话——感谢你和我这么多年彼此扶持着骄傲长大。嘿，是的呢，小家伙儿也给我当了这么多年的开心果呐。

把拨了联通和移动人工客服的两只手机按了免提放在一起，听着手机里传出的“你好”“你好”“你好”“你好”的对话，笑得直在床上打滚；趁爸妈不在家，开着电视，抱着家庭装的大瓶橙汁席地而坐，一人咕咚一大口，最后喝得小肚皮圆滚滚的，直叫唤着站不起身来；把闹钟调得一个比一个早，只是为了去另一个赖床的家伙的房间里大声唱“起来，不愿做奴隶的人们！”……回忆里满是小家伙儿和我的各种嬉笑胡闹，各种奇葩搞怪。

真快乐呐。

曾几何时，牵着小家伙出门散步，回程时走没多远她就开始喊累，我自告奋勇地把她背起来走回家，路上还会故意跑上几步，颠她几下。现在呢，都已经背不动了。

时光走得这么快，我想，也许我一个不注意，她就遇到了另一个会蹲下来对她说“上来，我背你”的人，不一定要脚踏七彩祥云啊，但一定要能当她一个人的英雄。等小家伙儿穿着一袭层层叠叠缀满软缎的婚纱，臭美地在镜子前照来照去，然后提着裙摆像小猫一样走到我面前问我好不好看时，我会像小时候那样打她的头，笑话她多么大的人了还是爱撒娇，她会理一理乱掉的刘海儿，骂我这么多年了还是改不掉男人婆的破性格。

而我结婚时，她会把她未来姐夫狠狠地捶上一拳，说照顾好我老姐，不然我叫你妹夫揍你。

那多好。

不要问我为什么那么笃定妹妹会比我早嫁人，她是我放在心尖上的一朵花儿，不亲眼看到她找到如意郎君，我怎么会放心。

## NO.4 来自普罗米修斯的光

其实，小家伙儿早已经不是“小家伙儿”了，她有自己的主见，也已经初步具备了责任感和担当，是值得表扬的。

我感冒发烧死活赖着不敢打针，是小家伙儿用哄小孩儿的语气跟我说：“打针病就好了，还可以送一根针筒给你玩哦！”楼下芒果树开花，几只蜜蜂误打误撞飞到了我的房间里，小家伙儿作为被咬过的资深受害者，却把她的外套拿来给我罩住脑袋；考数学前的午休，我可劲儿在床上翻腾，因担心会考不好而特别焦虑。还是小家伙儿冒着中午做不完作业的风险坐在床边开导我，教我吸气、憋气、呼气镇静……

小家伙儿呀，其实我也曾经对你的出现感到万分排斥，我也曾经觉得你抢走了大家对我的爱，可后来发现，原来我只是多了一个爱我的和我可以依靠的人。你分走了爸妈的一半宠爱，却还给了我一份完整的关怀。

真神奇呢，你看我明明清楚地知道你把我气哭过好多次，回想起来却只记得你的好。

所以你也要一直好下去。

我一直崇敬希腊神话里的普罗米修斯，因为他是给人类带来光和希望的使者——就像你给我那么多陪伴与力量，和我一起去远方。

小家伙儿，你是我的普罗米修斯。

是比阿波罗隽永的存在。

# 世间生命都值得被珍惜

谢小米

## “残忍”的爱

大约在我十一岁那年的暑假，邻居准备重新装修屋子，决定将后院的花草小树清理掉。

要知道，院子里的植物都是健这几年亲手种下的，尤其那棵枇杷树，是由他前两年吃枇杷时随手丢下的果核生长而来，没有精心照料却也茁壮地长起来，再过一两年，就能开花结果了。但是健却没有反对他父亲清理后院。

动工的那天，院子里的所有植物被拔除得干干净净，一齐丢弃在大门口的公路边上，万幸的是枇杷树是被整棵连根拔起的。

健扶起小树，和树一起立在家门口，并不言语，沉默着看工人进进出出忙碌。直到中午工人散工回家，父亲才突然注意到儿子抱着小树在太阳下晒了半天。

父亲说，这棵果树是不会结果子的，种来又有什么用?健还是沉默着，父亲看着这棵比十五岁的儿子还高的枇杷树，终是妥协了，下午让工人在家门口砌了个小坛子，方方正正并无美观可言。

健把小树认真地种进坛子里，小树在笔直开阔的乡村公路边上显得有些突兀，工人们都说果树栽在坛子里是不会结果的。

但健并不在意，有了生命才有追寻一切的可能。树刚栽下去，健拿着剪刀将枝叶剪得光秃秃的，我当时对此并不理解，既然爱惜它，为何又这般折磨它？枇杷树移栽的第二年，开出了几朵小花，但因公路扩建，健把它挪到一位伯伯的果园里，果实竟也一年年多了起来。后来我上了生物课才知道，初移栽的植物剪去枝叶是为了降低蒸腾作用，减少水分的散失，提高成活率。

有时候，残忍也是爱护生命的方式，由于生活经验、认知水平的不同，人们对待其他生命的态度也是有所不同的。

## 爱如何能下咽

上初中的时候，家里养了一只土狗，叫小四。小四还是狗崽子的时候，我就把它从友人家带了回来。农村人家养狗是让它看家护院，只要忠于职守即可，大多长得并不可爱，但小四不一样，它不仅机灵温顺、善解人意，还长得格外惹人喜爱，村人夸它，说小四可算得上是土狗中的“美男子”。

在我心里，小四不只是家里的护卫，更是我的朋友。我总避免去触碰与小四有关的那段记忆，有多少欢乐，结束时便有多少痛。

小四长到一岁多的时候，才刚成年，就出了车祸。那是一个寒冬的晌午，我在家里看着电视，突然听见外边传来吵闹的声音，我下意识地低头看了看，小四已经不在脚边卧着了，这家伙定是早早听见声响出去凑热闹了。

出于好奇，我准备出去瞧个究竟，这时母亲走进屋来，见我要出去，一副欲言又止的样子。

“妈，外边吵吵什么呢？”母亲迟疑了一下说：“你别出去了，回屋写作业去吧。”

“妈，我就出去看一下下，又不费多少时间。”我正要迈过门槛，母亲一把拉住我，她说："小四被车撞死了。"

我当即愣住了，刚刚在脚边的小四不在了？

我强作镇定地说："我去看一眼。"

说罢我就拔腿跑了出去，此时泪水已经漫上了眼眶，心里想着，不会的不会的，一定不是小四。

围观的人群已经散去了，我抬手抹了抹眼睛，只看见公路中间染了黑红的血。

我跑回屋，问母亲："小四死了，它死哪儿去了？尸体呢？"

"小四啊，你二叔公拉到河边宰去了。"

我几乎是狂奔到河边的，穿过菜地，跨过沟渠，经过农田，冬日的太阳挂在无云的碧空上，明晃晃地刺着眼睛，可我的眼睛里挥不去那染了血的公路，黑灰黑灰的。

在懊悔与哀伤中，我想得更多的是如何说服二叔公将小四还给我，让小四得以安葬。

然而到了河边，出于少年的莫名的面子问题竟开不了口，心想要是被同学知道我因为一条土狗掉眼泪，显得我多像个女生。



我咬紧牙，恨恨地看着二叔公。

二叔公见我不吱声，径自说起来，二叔公跟你说啊，这有什么好难过的，小四再听话，也是农村人家土狗的命，生的时候，它看好了家，现在死了，也不算白死，你看这寒冬腊月的，四十多斤狗肉，咱几家人吃了暖暖身子。

我哽咽着，半个字也蹦不出口，不是怕开口掉泪，而是已无法挽回。

那天晚上，几家人围坐了两桌，主菜就是我的朋友——小四。在小四之前，父亲炖的狗肉我是吃过的，且以为那买来的狗肉，我与它并无关联，即使不忍，也总抵不住父亲的拿手菜——炖狗肉的好滋味。对于小四，大人们吃的是一只曾看家护院的家犬，我也无从劝阻，而我心中有爱，爱又如何能咽下肚子？

小四的事也许并没有是非对错，只是情感上的应不应该。打那以后，我再没吃过狗肉，也许是受了我的影响，父亲渐渐不再炖狗肉。每个人能主宰的，只有自己的思想罢了，有太多人想改变世界，最终却被世界改变，只希望自己能保持那一颗初心。

“人最宝贵的是生命，生命对于每个人只有一次。”这是人们熟知的一句话，但世间宝贵的，并不仅仅只有人类的生命。没有丰富多彩的生命，万事皆空。人类如是，花木鱼虫如是。我以为世间所有生命，都值得被珍惜和尊重。

# 遗　世

蒋一初

第一次上朱老的课，讲的是美。朱老说女人的美只有男人才最能读懂，因为美产生于距离，异性的距离最大，所以异性之间的美感最强烈。我非常讨厌这个观点，像是女人不得不臣服于男人，所以我对这个七十岁的老头非常反感。

紧接着上课，朱老放电影给我们看，是一部悬疑不像悬疑、亲情不是亲情的日本电影。我睡着了，醒过来的时候电影已经放到了结尾。朱老一直对着我看，我有些心虚，百度了一下电影大概的剧情和影评，等着朱老叫我回答问题。朱老走到我旁边点了点我，让我谈感受。我什么都不知道，但还是瞎掰了一些话，朱老明知道我没看电影还要我作答，我尴尬得不知道目光该落在哪里。我更讨厌这个老头了，三观不正，刻意刁难，没有一个地方值得我欣赏。

我对朱老有意见了半个学期，上他的课我总是坐在最后一排，想听的时候就听一下，不想听就做自己的事情。直到有一堂课，我听到朱老说："我知道我的这个理论现在不被承认，但我坚信，终有一天它会被承认的！"朱老的声音激昂又颤抖，紧握麦克风的手打着颤。他生过一场大病，七十岁的年纪看上去像八十岁。朱老的话直白得有些幼稚，像个固执的孩子，他说的每个字都敲在我的心上，我没办法不去重新审视这样一个老人。

朱自清说，美的瞬间在于那圆满的刹那。朱老的太多理论给我创造了圆满的刹那，我跟着他感受美，美不是肤浅的脂粉，也不是强求的爱情，而是自由，是孤独。朱老是一个爱美的老头，艺术对于他来说是生命中最美的东西，而学艺术的我们，是他最爱的年轻人。从那堂课以后我开始喜欢朱老的课，我想让他记住我。

在一次课上我们讨论文化电影和艺术电影，朱老挑了顾长卫的一部电影给我们看，我看得很认真，因为我无条件相信朱老的审美。看完后朱老让我谈感受，我说了很多，从人和社会各种角度分析，朱老站在我身边仔细地听着每一句话，他会点头认可我的话，说到了点子上他会很激动。朱老对学生的观点从来都不会否认，不管说得再幼稚再滑稽，他都会给予肯定。朱老说："我不会反驳你们的任何一个观点，因为你们有自己的思想，而我不能评判你的思想是对是错。"中国式教育让我怯懦于回答问题，似乎事事都有标准答案，而我又总是找不到正确答案。朱老在一步一步地解放我们的天性，做戏剧首先要做人、做自己。

朱老的课上到第九周就结课了，考完期末考试就再也上不了朱老的课了。刚开学的时候朱老说他只带一年级同学的课，因为一年级的学生最有活力、最单纯，到了高年级就会变得物质、世俗。有同学开玩笑说要复读一年再念一次大一，再上九堂朱老的课。朱老很感动，他说："你们这样子，我要更加努力地备课了。"被朱老教过的学生都很喜欢朱老，但朱老任性地只教一年级，没有人能说服他。

朱老是一个非常清高的人，他直截了当地说那些互相称呼闺密的女孩子再过三十年就是跳广场舞的大妈，他还说知性是俗气的，唯美也是俗气的，俗众对于艺术是陌生的，而我们则是艺术的发扬者，与之相悖，也理应被孤立，做一个有出息的孤独的人。朱老的一些观点我还不能完全认同，但我学到了他的不反驳，百分之百地尊重他。

高深的学者和任性的孩子很像，他们认定了一件事情十头牛都拉不回来，一心钻研，等待被认可。朱老的很多理论都是尖锐的、伤人的，但他从不在乎，他就是要坚持下去，并且在有生之年等待认可，如果不能他也不会改变。

我想遗世独立也不过如此。

# 少 年 深 巷

沈黎安

## 1

“青春溺死旧年湖畔，一枚落叶抵达记忆湖，寄托少年的吊唁。”徐亦泷把单薄的纸张拿起来细心地看。

“亦泷，走，带你去个好玩的地方。”施小正从窗外探出他那椭圆的脑袋，并且把徐亦泷手里的纸一把抢过，“让我看看你又在写啥。”

“走吧，我看你又想折腾啥。”徐亦泷抢回那张纸，并把它郑重地夹好。

正是下午的光景，阳光最是温暖而真切，太阳被冷峻的建筑物遮去了热忱的面孔，巨幅的长影子建筑物的脚踝处延伸数米，就像一条兀自成群的河流。施小正背着他那崭新的滑板招摇过市地走在大街上，他那松垮的T恤、肥硕的身躯和那嘻哈风的滑板形成鲜明的对比。

一小时后，人满为患的购物商场内，抓娃娃机旁光芒四射的施小正和黑着脸的徐亦泷被围得里三层外三层，抱着一堆娃娃的施小正被徐亦泷生拉硬拽地拖走。

“我看你玩得很嗨啊，百发百中。”徐亦泷拽住眼巴巴望着商场的施小正，“不过你可以啊，这399元的裤子愣是被你说掉了那个3。”

“那是，凭我的三寸不烂之舌。”施小正傲娇地说着。

回学校的路上徐亦泷和施小正迎面遇上了戴若逸、姜语蘅和跟在后面一言不发的乔安。

“乔安那家伙竟然穿得那么时尚。”徐亦泷伸出脖子张望着。

“这三个人竟然能同行。”施小正一本正经地说，紧接着就挨了徐亦泷一拳。

“嗨，你们这是要去哪儿啊？”施小正说着就掏出三个娃娃给对面的乔安他们，“新鲜出炉的蓝胖子和粉红兔，热乎着呢。”

“谢谢，班长说儿童节马上要到了，她想办一次别开生面的儿童节运动会，我们就陪她去买点儿道具。”戴若逸脸色十分难看，“我只知道有个环节是把我们班女生的名字写在一张张纸条上，放在一个盒子里让男生抽，谁抽到那个女生的名字就要背着她跑完两百米，用时最短的有奖励，最慢的有惩罚。”

徐亦泷瞬间吓得脸色铁青，施小正笑得前仰后合：“亦泷，你们班女生好多体型都跟我差不多，你有福了啊。”徐亦泷没接话，只是暗地里给施小正肥硕的肚子打个结。



“亦泷，五号教学楼那里贴了张征文启事，我想你应该感兴趣。”乔安郑重其事地说，下一秒徐亦泷就把袋子扔给木然的施小正，自己则风驰电掣地奔向五号教学楼。

征文启事旁聚集了不少人，徐亦泷用力地挤到一个靠近的地方目不转睛地看着启事上的每条信息：比赛只对高一、高二年级生开放，设有小说、散文、诗歌三个组别，每个组别有对应的投稿邮箱，截止日期在6月30日，7月底公布复赛名单，8月初进行复赛，对获奖者颁发获奖证书和奖品。

徐亦泷近距离地拍下了投稿邮箱，又看了下密密麻麻的人群，心想这真是场有趣而生动的战争，而自己一定不能错过。

## 2

人仰马翻的操场上，男生们东倒西歪躺着，徐亦泷体力不支地瘫倒在地，他大口喘着粗气，脸色煞白，像是进行了长时间的剧烈运动，额头的汗不断往下流，流势比盛夏的雨还要滂沱。

“亦泷同学你没事吧？”有“小番茄”之称的方荟蹲在徐亦泷身旁嘘寒问暖。

“别闹，让我歇会儿，累死本帅了。”徐亦泷还没缓过劲来，四肢就像被药物麻醉过一般毫无知觉。

这是儿童节运动会的最后一个环节，徐亦泷很不幸地抽到了方荟，那个可怕的、圆润的、有福相的“小番茄”，当他抽到那张纸时还在怀疑那张纸是不是主动跑到自己手上的。

“还是乔安运气好，抽到了美女班长。”徐亦泷羡慕嫉妒恨着，方荟乖巧地看了他一眼，他更加想去撞南墙了。

“这么看，他俩还挺登对的。”徐亦泷自言自语着，方荟探出头来好奇地问：“亦泷同学你怎么了？”徐亦泷咳嗽了几声后说：“那个，方荟同学，请你帮个忙，帮我去那边的自动贩卖机拿瓶冰饮，谢了。”方荟想都没想就蹦跳着走了，这让徐亦泷想起一个月前她送情书给自己时的情景。

回到家后徐亦泷焦急地打开了电脑，还自言自语着：“今天邬寒应该更文了吧，上周她就没更。”

邬寒是一个写作软件的签约写手，徐亦泷是在前一年的平安夜认识她的，那个软件里的签约写手很多，但徐亦泷追崇邬寒的原因就是他很喜欢邬寒写的一句话——“青春是一座孤单成诗的城，每个少年都会如期抵达，每个少年都会在那里找到属于自己的深巷。”徐亦泷深深地觉得那个与文字有关的梦想就是他一直找寻的巷子。

邬寒同时也是一本青春杂志的专栏作者，因为她的缘故，徐亦泷渐渐地爱上了文字，并且尝试着去写一些留存在他心底的故事，最近他想给那个杂志投稿，于是书桌下就藏了许多揉碎的稿纸。

书房内灯光慵懒而恣意，有风从窗角溢出，徐亦泷正襟危坐着看完了邬寒的新文，又私信了她，心急如焚地等了五分钟后邬寒终于回复了。

“什么事？”

“我要参加一个很正式的征文比赛，我怕自己写得不好。”

“多参加比赛是好事。”

“那个比赛有小说、散文、诗歌三个组别，我有个故事想写成小说，又想写散文，诗歌没写过，但想尝试一下，另外字数多少为宜？”

“我建议你多写小说，散文是写给一部分人品鉴的，而小说则更倾向于大众品读，诗歌提纯度太高，你可以尝试下。比赛的文章应该简练，三千到五千为宜。”

“嗯嗯！我知道了，谢谢你。”

徐亦泷小心翼翼地合上电脑，摘下耳机听酒鬼老爸有没有回来，上次他就被酒鬼老爸训斥得质疑人生。确定无人后他蹑手蹑脚地拿出了那沓他小心藏好的稿纸开始细心地构思与编排，就像在彩排一场没有序曲的舞台剧。



## 3

临近期末，考试自然少不了，市统测，小月考，月考，这些叫做考试的小怪物就像滞留的快递君们在某个时辰里一股脑儿地赖在徐亦泷的世界里，让他猝不及防，手忙脚乱。

学期最后一次市统测，徐亦泷因为一心想要在比赛里证明自己的缘故，导致他原本偏科严重的数学只考了三十一分，于是敬爱的数学老师准备请他去办公室交流交流感情。

下午三点，被数学老师说得头昏脑涨的徐亦泷在办公室门口遇到了校园人气男生排行榜第一的唐皑宇，以及一向跟自己不对付的秦暮远。

“亦泷，你来这做什么？”唐皑宇手中拿着个半青的橘子，这是他的一个小癖好，没事就爱拿个小橘子扔来扔去。

“我数学考了三十一分，老李请我去喝下午茶。”徐亦泷一脸无奈地说，还回头瞥了“人艰不拆”的老李一眼。

“垃圾，我还考了六十分呢。”秦暮远趾高气扬地说，斜视着徐亦泷。

“你说什么！”愤怒的徐亦泷被唐皑宇拦住了，唐皑宇回头说了秦暮远两句，秦暮远闷声不吭地瞪着徐亦泷，这让徐亦泷想起秦暮远也是对林予笙有好感的。一个月前的体育课上，当时秦暮远正在篮球场打球，徐亦泷碰巧路过，秦暮远就故意把球砸到他的背上。当时双方的火药味特别浓，秦暮远身体素质好，但叛逆的徐亦泷也不甘示弱，幸亏当时双方的美女班长都在，要不然真得闹得满城风雨。

晚上到家后徐亦泷决定静下心来把结尾写好，他已经写了接近三千字，整整改了十几张稿纸，就算在纸上写好，还要在电脑上再次打成电子稿，并非他不想直接在电脑上码字，而是他觉得手写的才有文字的触觉。

外面已然夜阑人静，细碎的蝉鸣被皎洁的月光洗净了温热的日光，入夜的步履被萤火虫擦亮。窗外树影婆娑，被烙上少年单薄的背影，徐亦泷轻轻伸个懒腰，长舒口气觉得这一刻自己是不是应该扭个屁股庆祝一下，可是下一秒，稿纸就不在他的视野中了。

“怪不得你班主任说你成绩下滑得严重，原来你天天在写这破玩意儿。”酒鬼老爸怒视着徐亦泷。

“呃，爸，你不是加班了吗？”徐亦泷挤出一抹尴尬的微笑，他心知自己死定了。

酒鬼老爸把稿纸恶狠狠地撕掉：“每周给你零花钱有什么用，这次你才给我考了四十几名。”

“你撕了干什么！你知道我写了多久吗！”徐亦泷气得面红耳赤，可是那些稿纸已经被撕个粉碎，而酒鬼老爸怒不可遏地扇了徐亦泷一耳光。

“长能耐了是吧，有本事你用这玩意挣钱给我看看啊？我也没看你得什么奖，挣什么钱啊，写得不好就给我好好读书，别到时候连个文凭也没有。”酒鬼老爸一丝一寸地撕扯着徐亦泷追寻着的初心，“给我好好反省，下周的零花钱你也别想了。”

酒鬼老爸走后还把那堆碎成上好佳的稿纸扔在了楼下的垃圾桶里，徐亦泷半晌默不作声，他穿了件厚实点儿的外套决定去那个小时候他妈妈经常带他坐在那边休息的长椅上。自从八岁父母离异后他就很少见到他妈了，印象中不管徐亦泷做什么他妈都是支持的，想到这徐亦泷的眼角溢满了泪水。

路灯下的长椅三缄其口，对少年的伤痛它也爱莫能助，它只能裁下寂夜的一层妆，为少年披一晚星辰安好。徐亦泷紧咬着嘴唇，双手攥紧，眼神里写满了落寞，就像一个失意的诗人，右脸火红的掌印还脉络清晰地盛开着，就像一团熊熊烈火，吞噬着嬗变的花海。

“我多想在青春的国度里远走高飞，但到处充斥着生活的兵荒马乱。”徐亦泷在空间发了条动态，施小正已然秒赞秒评，可他却无话可说。

“邬寒，你说，那个属于我的深巷我还能找到吗？”徐亦泷抬头看着深邃的夜空，脸上写满了迷惘与不安。

## 4

离比赛截止还剩不到十天，徐亦泷一直一蹶不振，摆在书房角落的稿纸也一直沉睡着，他似乎真的要放弃这次比赛。

“哎呀，前天我还和老师保证说徐亦泷一定能写好的。”语文课代表林予笙在教室外跟施小正抱怨着，“上次他莫名其妙地把我拉到操场上表白，还塞给我一本《情人》，我以为他会一直坚持下去呢。”

“可是你找我也没用啊，那家伙这次真是遇到事了。”施小正无奈地耸耸肩，他今天穿的机器猫T恤着实呆萌，可林予笙却一笑难求。

“予笙，我看见徐亦泷一个人坐在操场上。”同桌欧阳青鲤指着操场的方向说。

操场上人群稀疏，徐亦泷坐在最北面，四周不断有人经过，可是他却始终低着头。

“亦泷，你没事吧，怎么跟个失意的诗人似的？”施小正兀自坐在徐亦泷身旁，并且友爱地拍拍他的肩。

“我没事。”徐亦泷的语气很低沉。

“你不是跟我说你会写好吗？”林予笙凝视着低头不语的徐亦泷。

“来不及了。”徐亦泷依然没有抬头。

“那晚你不是信誓旦旦地跟我说你会一直写下去吗？就因为一点儿挫折你就要放弃？我林予笙最讨厌那些半途而废的人，徐亦泷，我希望你不是。”林予笙撂下狠话气冲冲地走了，施小正惊诧得哑口无言，徐亦泷也讶异地抬头，他无措地挠着头，回头看了眼施小正，笑得像个花痴。

尽管时间紧迫，但徐亦泷只能选择义无反顾地写下去，他不想成为林予笙讨厌的人，更不想就此停步，他还没有证明自己，更没有找到那个深巷逼仄的入口。

在那个夏天里徐亦泷没能入围复赛，但在学校门口贴的优秀奖名单里却有他的一席之地，也算是个弥足珍贵的小小肯定。

“不错啊亦泷，看来我得收集你的签名了啊。”施小正一本正经地盘算着。

“低调。”徐亦泷虽然嘴上那么说，可他内心还是有一些憧憬与不甘。

“胖子，你知道现在我跟青春里的哪个自己相遇了吗？”徐亦泷扭头看着施小正。

“明媚？华丽？”施小正略作思考状。

“正在成长。”徐亦泷给了施小正一个巴洛克式白眼，而后目光坚定地看着启事。

## 5

第八次收到杂志社的退稿函，徐亦泷感觉整个人都快麻木了，再也没第一次来得那么刺激与兴奋，退稿函上的内容如他想的那样：情节拖沓，文字不够简练。而他加的那个编辑也一直让他多看一些有名的短篇小说。

当退稿成为习惯，这种郁闷的心情他只能靠在软件上写文来排解，那天他一连码了四篇青春小说，他原以为看的人会非常少，尽管这都是真实发生在他身边的事，但这次却有了意外收获，或者说是惊喜。



高二的第一节体育课上，施小正和徐亦泷在操场与体育馆之间玩着滑板比谁先到篮球场。

“胖子等会儿，有信息。”徐亦泷偷偷摸摸地掏出手机，顺便瞧了眼体育老师。

那是来自软件私信的系统通知，一个用户想加他为QQ好友，他没多想就把QQ给了对方，对方很快就加了他，之后就没了音讯。

到家后徐亦泷看了那个人的信息，也是个高中生，正看着那个人就来了信息。

“在吗？”

“嗯哼。”

“你好，我叫秦奕，我看了你的那篇《牧歌少年，我住在没有你的夏天里》很有感触，所以我跟我同学把它拍成了微电影，拍得可能没有达到你的要求，但我们很用心地拍了。”

“真的假的？”

“你要看吗？”

“要要要，现在就发给我吧。”

视频里乐观的女主由一个爱笑的女生饰演，而沉默的男主由秦奕扮演，虽然他们的演技很青涩，但是徐亦泷看得还是很感动，感动到最后他连自己哭了都不知道。他幻想过那些流光溢彩的日子，自己写的故事被搬上荧屏，那些生长于自己笔尖的人物成为许多人追崇与交谈的对象，那些故事带着自己青春的影子被人们所铭记，自己终于找到了那个深巷，也遇到了那个他从未谋面的邬寒，他不再是青涩的少年，但青春仍然是他的座右铭。

他没事就看，课间偷偷跑到卫生间看，体育课躲在角落看，晚上睡觉睡不着起来继续看，也给施小正他们看，但让他们看到一半就不给看了，说要细水长流。他一个人看的时候还自带评论功能，但内心充满成就感，他给别人看的时候自己则一声不吭，似乎这是个神圣的时刻，自己不应该聒噪。

徐亦泷把那段视频发给林予笙看，他期盼得到林予笙的评价，也许她不会喜欢这种伤感的故事，但是她哪怕只说一句徐亦泷也能开心一阵子。





## 6

时间来到高二学期末，那天徐亦泷回到家就收到了一封由他一直投稿的杂志社举办的文学夏令营的邀请函，他急匆匆地在QQ上找他跟的那个编辑，可是那个编辑却事先发了QQ给他：“还记得去年的那个征文比赛吗？那时的评委里有我们杂志社的主编，你的那篇《千城未归》就是他审的，我们都看到你的坚持与成长，所以我们决定邀请你参加我们这次的夏令营活动，这次的活动旨在培养新人，我们会邀请一些作家和青年作者组织笔会，包括你喜欢的邬寒，希望你能参加。”“邬寒也会去吗？邬寒哎，那我肯定得去了。”徐亦泷激动地在空荡荡的房间里喊出了声。

“胖子，你在哪儿？我有个好消息要告诉你！”徐亦泷迫不及待地打电话给施小正。施小正在那头懒洋洋地说他跟乔安在操场这边玩飞行棋，让他也赶紧来。

徐亦泷带着那张邀请函匆匆忙忙地出门了，他要告诉施小正，还有那些鼓励过他，支持过他，看过他文字的人们，他终于要找到那个深巷逼仄的入口，他终于可以不用再躲躲藏藏地写字，他终于可以见到邬寒，他也终于可以笃定地说：“我不会忧伤，也不会彷徨。”

# 谁爱着你你爱着谁

二 茉

国庆放假，中途转车，我百无聊赖地坐在行李箱上玩手机。一个穿红衣服的阿姨走过来。

“小孩儿你来帮我看一下，我是在这里候车吗？”

我下意识地捂紧我的钱包，然后探头看了一眼。嗯，还好还好，是今天的日期，应该不是骗子。刚想指向右上角，却突然发现她票面的那一处是一片空白。

什么鬼？

我掏出自己的票。票面的右上角端端正正地印着“第二候车厅”。

我俩面面相觑。我打着哈哈：“没事儿，我们看大屏幕。”

我又自信满满地指向候车厅的LED显示屏，上面不断滚动着火车信息，偏偏没有那一班。

我不信邪地又掏出手机登陆12306查询，结果可想而知，还是空白。

阿姨看起来也很焦急，可还是一直说：“没事儿没事儿，我再找人问问。”说完就拉着行李箱走进人群里。

我继续坐下玩手机，可怎么都觉得不安心，干脆拖着行李箱一个一个候车室地找。终于在一个候车厅的显示屏上看到了那串数字。我兴冲冲地跑回去通知阿姨，可惜脸盲症突然复发，除了阿姨穿的是红衣服我什么都想不起来了。

好在阿姨很快发现了东张西望的我，拖着行李箱走了过来。我连忙凑上去帮她拉行李，边跑边解释："你的候车厅在楼下，刚刚已经开始检票了，你快过去。"阿姨一口一个"谢谢"，又问我不和她一起走吗。我摆摆手，说我的车还没来，我还得回二楼候车。

目送阿姨走进检票口，助人后的骄傲充满整个胸膛，我恨不得立刻高唱一曲《让世界充满爱》。喜滋滋地打电话给老妈求表扬，顺便通知她我还有两个小时就到家了，快快准备好小鸡炖蘑菇迎接我吧。

娘亲大人的惊喜几乎要从电话里溢出来，我对此表示很满意。看，我就是这么善解人意。

假期转眼就到了最后一天。

我的行李几乎还没拆又要重新打包，还没有离家我却已经开始想念。



约了一年没见的朋友一起吃饭，时光把她的头发拉长，人也温柔沉静了好多。看她像过去一样带着浅浅的笑帮我倒茶水，这恍如隔世的感觉突然逼得我想掉眼泪。

老爹打来电话，问最后一餐午饭我想吃什么。不忍告诉他我吃过了便说什么都好。然而半小时后老爹左手一份拌饭右手一份热面笑得傻兮兮："实在不知道你更爱吃哪个，干脆就都买了。"

晚上八点的火车，四点下班的老妈匆匆忙忙地提着菜一进门就拐进了厨房："应该还来得及给你做一盘孜然肉片，等你回去就吃不到了。"

我捂着眼睛，不敢让他们看到明明年龄已经是个大人了却还总是矫情得哭鼻子的我。

总是自诩是个良善的人，但似乎时至今日我才发现自己其实被别人照顾得更多。我的善意似乎总是下意识地更多地分给陌生人与新朋友，却完全不记得上次与老同学联系是什么时候。打着不擅长聊天的借口，保持着莫须有的骄傲，总是希望别人主动来找我。人总是心安理得地遗忘是谁一直默默陪伴在身旁。那这到底是真善良，还是只是表演型人格？我这般糟糕的人，一定非常非常地讨厌吧。

请学会爱人，更要学会爱爱你的人。

希望我没有明白得太迟。

## 时光清浅，许你安然

陶陶开始明了，人不一定非得成为人上人，但一定要成为一个最真实的、问心无愧的人，否则自己都会讨厌自己。她不想再壮志凌云地昭告天下要成为什么样的人，只想一步一个脚印地走好每一天，哪怕庸碌平凡也没有关系，只要对得起自己。

# 时光清浅，许你安然

李鹏修

## “命不好”的小姑娘

广东省汕头市陈店镇，轻工业和手工业闻名全国，工厂作坊随处可见。陈店之南有一村叫福潭村，形成于明万历年间。据说当时村寨东有一潭，深不见底，久旱不涸，常有一对翡翠宝鸭在水里嬉戏，人们用尽办法，捕之不获，一潜入水，不见其踪，故该村又称鸭潭村。

陶陶就生于这样一个历史悠久有着神奇色彩的村寨，时光跨入21世纪，但多子多福的封建思想在这里依然盛行。陶陶排行老二，上面还有一个哥哥，下面有一个妹妹和一个弟弟。她的名字里有玉，家人希望她能像美玉一样温润美好。

陶陶长相清秀乖巧，童年本该无邪而美好，然而一次意外，陶陶的两根手指被严重烫伤，落下了永久的伤残，命运就此改写。受伤后的陶陶并没有受到家人更多的疼爱和照顾，反而遭到了嫌弃。妈妈不喜欢她，因为她手工活儿没有妹妹快；爸爸不喜欢她，因为她总是劝他戒赌；奶奶不喜欢她，因为她是“断掌”，命不好。于是，新衣服是妹妹的，好吃的是妹妹的，玩具也是给妹妹的。陶陶虽然竭尽全力想修复与亲人本该其乐融融的关系，可仍是得不到家人的关爱，整日生活在训斥和巴掌下。有一次，又被打骂过的陶陶独自一人在河边洗衣服，越想越伤心，望着清澈的河水，她甚至想结束自己的生命，好在后来理智战胜了冲动。

来家里做客的人总会不经意地问起她的手，再用遗憾的语气说："多么好的小姑娘，这辈子就这么毁了。"

陶陶听了，心里默默地不服气：我这辈子还没过完呢!

到了上学年龄，家人不想让陶陶上学，希望她早早地帮着妈妈做手工，挣大钱，村里很多像她这样的女孩子都是如此。

谁知陶陶偏偏是个"书呆子"，这不让上学怎么行？家人最后做了妥协，上学可以，但学费得自己挣！于是放学、放假，人们便可见到一个小小的忙碌的身影，做手工，踩缝纫机。陶陶一天忙到晚可以挣三十块钱。

即便学费不用父母操心，这个好读书的女孩儿却经常听见大人半嘲笑半挖苦地说："呀！那么用功，将来一定是要当状元夫人的。"他们不屑她的所谓书中的"颜如玉"和"黄金屋"。

傲慢与偏见像毒蛇一样啃噬人心，幼小的心默默地忍受着这一切，她暗暗发誓，一定要出人头地！她没有成为家人希望的那种玉，却成了一株在风雨中起舞的野草，任性而顽强。

## 混世"小魔王"

或许是在家里受尽委屈，卑躬屈膝，在学校的陶陶展现了她的另一面——生龙活虎，不可一世，甚至有些……无法无天：她不穿校服，不戴校章，不写作业，不值日，走路几乎都是横着走的。

但因为成绩好，陶陶备受老师的宠爱，还成为了小班干。

朋友们也都宠着她，让着她，这更让她唯我独尊。

但并不是所有的人都买她的账，这不，有个人就撞到了她的枪口上……

一节午自习，陶陶在讲台上看纪律，一个男生在下面小声嘀咕，讥笑她是“八指妹”。男生的话揭开的不仅仅是荣光下的伤痛，还有自尊。愤怒像火山一样爆发，陶陶一个箭步从讲台上冲下来，扯着男生的衣领将他直接拖到老师办公室。一时惊呆了在场的小伙伴！到了办公室，还未等老师询问原因，她就未语泪先流，哭得梨花带雨、凄凄惨惨……

老师知道原委后，把那个男生狠狠骂了一顿，还罚写了检讨书。

陶陶一战成名，此后再无人敢惹她。

对于陶陶的恣意任性，也有老师问她是不是家里的小女儿，被宠着长大的。

陶陶笑吟吟地告诉他：“对，我是被宠坏了。”

其实，她是被自己宠坏了。

陶陶读初中二年级时，学校学生会主席要换届。听到这个消息的陶陶很是兴奋：哼哼，一个出人头地的机会摆在面前，岂能放过？放学回家后，她开始对着镜子自我演讲，练习口才。

在与高二学姐同台竞技的舞台，陶陶镇定自若，她是人越多越兴奋，发挥得也就越好，相反高二的学姐倒是紧张得两手都是汗。陶陶的精彩演讲，俘获了老师们的心，结果陶陶高票当选学生会主席，初二生战胜高二生，一时传为佳话。

当上学生会主席，着实让陶陶风光了一把。她开始出入各种大小会议场合，关于学校的消息总是第一个知道，然后再用炫耀的口气告诉身边的同学。

她雄心勃勃地在讲台上宣誓，将来一定要成为厉害的人，不管从事哪个行业，但凡提到她的名字，大家就会羡慕和嫉妒。

她想要成为一个女强人。

时光缓缓向前流淌，表面的风光越来越掩饰不住内心的空虚和孤单。“女强人”开始受到了“冷暴力”：上课走神被老师提问，回答不出来时，没有了周围同学小声的提示；值日的时候，别人都是三五成伙，只有她形单影只……她不仅被班里的女生孤立，男生们对她也是敬而远之。偶尔还能听见女生们在背后偷偷议论她，都是难听的话。

这个世界是怎么了？是不是自己太张扬了？她开始反省自己，这真的是自己想要的吗？这是真正的快乐吗？……她开始重新思考爱与人生。

在《嫉妒和朋友》一文里，这个由不得别人强过自己的姑娘开始审视自己：别人良好的家世、姣好的面容、聪明的头脑、过人的才识，你嫉妒过吗？是啊，世上强过自己的人太多了，如果整天羡慕嫉妒恨，还怎么过活？最后她总结道："我会努力让自己成为善良、明媚、温暖的姑娘。"

在《流水混账》中，除了对天灾的恐惧、劫后余生的庆幸，有更多对亲情、人性、生命的理解和思考。

陶陶开始明了，人不一定非得成为人上人，但一定要成为一个最真实的、问心无愧的人，否则自己都会讨厌自己。她不想再壮志凌云地昭告天下要成为什么样的人，只想一步一个脚印地走好每一天，哪怕庸碌平凡也没有关系，只要对得起自己。



她试着去与家人沟通，尝试去爱；她开始给远方的笔友写信，倾吐心声，呼唤友情。

青春在磕磕绊绊中成长，渐渐蜕去青涩，换来成熟与稳重，一个转身的距离，便显现出其原本的明丽色彩。陶陶回来了，从虚妄与浮躁中归来。

付出就会有回报，那些久违的真心的笑意开始拥抱她，温暖而明亮。陶陶也开始收获喜悦，获得发自心底的快乐。

已经上高二的陶陶就快满十八岁了，奶奶希望她明年就能嫁人，于是又开始在她耳边碎碎念："在学校有没有男孩子追求你啊？"在得到否定答案后，奶奶就直叹气，满是希翼的眼睛黯淡了下去。奶奶还是很担心这个孙女的，毕竟她"命不好"，成老姑娘就没人要了。

对于奶奶的担心，陶陶一笑置之。

陶陶说："我是金子，我知道，但是弄清楚我要在哪里才能发光，这是我现在一直在努力的事。"

忘了说，陶陶是她给自己取的笔名，她的名字叫蔡玉璇。《王风·君子阳阳》中有"君子陶陶"之句。陶陶：快乐貌。

那么，陶陶，在这清浅的时光中，祝贺你找到了真正的自己，山高水长，阳光正好，带上行囊，出发吧。

# 提拉米苏的路口

王思巍

“听说每个女孩儿的心里都住着一个男神，就像她们曾经梦想过的白马王子一样。”同桌沐沐含情脉脉地看着我，“你的男神是谁呀？”

我毫不犹豫地摇头，用一种看破红尘的语气说：“男神是什么鬼？”

话音未落，沐沐就把我的头往左边扭了四十五度，慌忙摘下耳机的我遇上蓝羽洛似笑非笑的眼睛。而那些把蓝羽洛当神供养的女生，齐刷刷地向我射来复杂的目光。好像我那句“男神是什么鬼”，瞬间否定了她们无可争议的男神蓝羽洛。

蓝羽洛爱看书，而且看书神速、过目不忘。在试卷满天飞的日子里，他保质保量地刷题，还忙里偷闲地看各种各样的书，曾在一个月内看完十五本书。我跟他借过几本书，发现他在每本书的扉页都会写几个字，像什么“看了这书，一口气能上七层楼”，或者是“我人蠢，看不懂”，抑或是“厕所必备，不下五遍”……

除了看书，他还能写一手漂亮的毛笔字。元旦时他在书法室里写了十几副对联，在各种字体里挥洒自如的英姿让好多女生瞬间变花痴。

羽洛是第一名宝座的常客，转一下笔头就能解开那些莫名其妙的难题。不少女生拼命做题，就为了来找他问题，比如沐沐。记得沐沐对着一道圆锥曲线题发了一节课的呆，面带羞涩地去求教男神，结果羽洛只用了一分钟就讲完了。沐沐说，她男神给她讲题的时候，声音清澈又温暖，看她一脸茫然会不厌其烦地给她讲第二遍、第三遍……总之，羽洛的男神形象在她心里光芒四射璀璨夺目。

记得数学抽考过后，羽洛考了一百四十七分还喃喃自语考砸了。我白了他一眼，最讨厌这种傲娇的学霸了，都快满分了还说考砸了，而且最后一小题他不是不会做，只是步骤太多他懒得写……当历史试卷发下来的时候，我急于对答案，就问羽洛有没有试卷的答案。他一脸真诚地说："我没有答案，但我猜，我写的跟标准答案一模一样吧……"于是他把他九十六分的试卷丢给我，而我的心情很复杂，不知道那些女生怎么会喜欢那么骄傲的羽洛。

而去烧烤那天，我喉咙有点儿痛，不怎么想吃那些烧烤，就坐在一旁听歌。沐沐说她会烤些玉米和番薯给我吃，结果她烤的第一个番薯和玉米全送给了她男神。深知"交友不慎"的我，立马动手烤了几个番薯吃。吃完后我就去散步，而羽洛捧着两个玉米和几串丸子来找我："你喉咙还痛吗？怎么才吃几个番薯？我给你烤了玉米和丸子……"看他一脸真诚，我有点感动，但一想到他骄傲的模样，所有的感动立刻灰飞烟灭。他突然眼睛一亮，指着萝卜说："那个好像番薯哦。"那时我好想跟沐沐说，她的男神连番薯长在哪里都不知道呢，还把萝卜看成是番薯，想到这里我就觉得好笑。"呵呵，你终于笑了……小时候，我把高粱看成野草，把萝卜当做番薯；除了包心菜，我对其他蔬菜总是傻傻分不清。我还以为菠萝长树上呢，直到前几年我才知道草莓也长地上……"印象中的男神只会在光环中自我沉醉，没想到还会自曝糗事。而且他谈了很多以前的经历，并没有想象中的那么伟大传奇，只是比我们多了一些不为人知的付出，故事的结局也要比我们的精彩，铸就他现在所有的光环。就像他能写清秀飘逸的毛笔字一样，从临摹到自成一体，无关天赋尽在人为……原来男神并不是一下子就高高在上供人仰望的，他也跟我们一样一步步往上攀爬，只是在光环四射时顺手摘下了

“男神”的桂冠。

后来的某一天，班主任拿着点名册，随手一点就把我的同桌换成了蓝羽洛。班主任在换位上也算煞费苦心，之前的“南北对话”把成绩好的和成绩差的分在一起，结果平均分一路走高。这次班主任为了培优，主张“强强联合”，于是把我和羽洛分在一起。我渐渐发现，羽洛并没有那种不可一世的骄傲，对那些“班草”“才子”“男神”“状元”的标签也看得很淡，事实上他不喜欢被贴上任何标签。记得有个很炎热的中午，我没回家，等人都走完后，一个人在教室里吃便当。当我吃完三分之一便当的时候，羽洛敲了下门：“我弄完黑板报后，看你的单车还在，你果然还没走，干吗不回家？”紧接着我听见守门大叔那辆跟响雷一样的摩托车的启动声，跑到窗边一看，大叔早已扬长而去。

“我带了便当……可是校门关了，你怎么办？”

“哦，没事，以为你怎么了……”

“那你吃什么？去饭堂的那个侧门好像也关了……”

“嗯，我叫我妈带盒饭给我。你先吃吧，我看下书。”

半小时后，羽洛边吃盒饭边说：“这两天你上课心不在焉的，不是忘记带书就是忘了写作业，还喜欢趴在栏杆上看天空，今天还不回家吃饭，你到底怎么了？吵架了还是……”

原来我这两天一反常态，羽洛都看在眼里，还那么一语中的地戳中我的心事。前两天吧，我对我的小卷发感到厌烦，每次梳头发都要梳理很久，就想跟妈妈拿钱去拉直发。可是妈妈一口回绝，说当初是我固执要弄卷发的，还说什么自食其果，简直不可理喻。所以我才和妈妈吵起来，才不想回家吃饭的……

羽洛轻笑：“十五岁时我妈叫我剪板寸头，我不喜欢，固执地换各种发型，飞机头、板栗头什么的都剪过，还染黄发把我妈气得不想认我。后来才知道我好傻，感觉以前的自己太任性太固执了，搞得别人不开心，自己也难受……”

羽洛用他清澈又温暖的声音，不厌其烦地安慰无知的我。那一刻我才明白，为什么那些女生把他当做男神一样崇拜。其实我也喜欢像羽洛这样的男生，只是我不喜欢把他当神一样供养膜拜。如果把他当做神一样顶礼膜拜，他会变得可望不可即，遥远到像是活在另一个世界里，而我们的悲喜和他无关。

所以我很感谢羽洛，修改了我对“男神”的偏见。他集各种光环于一身，并不高高在上，而是把高冷的“男神”形象变得温暖可感，不会遥不可及到像是活在另一个世界里的人。

男神不是神，也不是什么鬼，就是一个闪闪发光的人。他不一定遥不可及，他也可以温情脉脉、真实可感。他可以站在我们身边，和我们共悲喜，就算没有距离也值得我们仰望，然后鼓励我们，也成为闪闪发光的人，像他一样。

我常常觉得我的花季不是用花朵点缀的，不是用香水点缀的，倒是用甜点点缀的。

这并不是我为自己胖找的借口，虽然和所有的女孩子一样，不管自己有多少斤，总是要对任何觉得多余的肉抱怨一下。



池田大作说过，抛开友谊，无法谈青春。对于一个女孩子来说，那个陪你一同做吃货的人，很容易成为自己青春的记忆。

那是一个真的很胖的女孩儿，和她在一块儿有一种厚重的安全感。她爱音乐，爱电影，爱海子晦涩的诗，爱甲骨文般的《浮士德》，和很多女孩子一样，爱村上春树作品的浪漫和洒脱，当然，也爱吃。

多少个午后，慵懒的阳光以四十五度角精准地射到我们的遮阳伞上，在地上留下两个身影，一胖一瘦，她总是抱怨阳光为何不把她投影得瘦一点儿。当然这种抱怨是暂时的，我们穿过一片狭窄的小巷子，一个叫做“冰淇淋胡同”的“美味”的地方，然后就可以坐到甜品店，去消磨一个下午的时光。当然多数的时候，要陪着歌德、亚当·斯密、魏格纳一起消磨时光。

“亲，你还记得褶皱的理查德分类吗？”

“亲，我只记得焦糖玛奇朵还没有上！”

在我们的思绪绕着经纬线走过几圈还在纠结这个法那个章程的时候，一碟提拉米苏总是我们的最爱，提拉米苏有淡淡的咖啡味却不苦涩，一种成熟的深邃的味道，提神醒脑，可以嗅到那种意大利奶酪浓醇又带着一丝香酸味的味道，伴着可可粉甜蜜的口感，一天的压力都不见了。

那个时候，似乎感觉全世界拥抱了我们。

作为文科生，有的时候，情怀是很重要的，感情敏感泪腺发达成为了我们的标签，其实多数时候，那只不过是角色需要罢了，尤其是当你面对一份充满情怀的文综试卷的时候。

如果不懂得热爱生活，一定学不好文。

想到这里的时候，我们总会在一起背起那首熟悉的诗来："我不去想是否能够成功，既然选择了远方，便只顾风雨兼程。"这是汪国真的《热爱生命》中的一句，也是我的这位吃货朋友最爱的诗句，她说，这首诗让她不再纠结于眼前的不快乐，地平线，东方的鱼肚白，初升的红日，梦想的所在，这些事物都有一个共性，就是可望不可即，然而梦想还是要有的，就像马云说的：万一实现了呢。

她有自己的梦想，就是去一次意大利，在巧克力芳香迷人的街道，品尝着醉人的卡布奇诺，沿着米兰的街道去参观每一个沿途的花店，去感受单车、玫瑰和足球……

我们常期待着早早经历那场高考，能够冲破限制冲破阻碍去拥抱自己想要的生活，然而，早早经历只不过是一个单纯的愿望，在这条道路上我们要刷着数不清的题，背着数不清的段落，面对数不清的困惑和烦恼，还有，去体味数不清的青春的激荡。

然而，在这个为梦追逐青春的当口，你却选择了改变，高二，你选择了学理。

你说你想要一种不同的生活，你说未来路途宽阔，你甚至觉得自己长得更像是一个工科女，总之，你坚决地转走了。

从此之后，午后难见你的身影，你的身边换了另外的一批人，我们的交集越来越少，你变得成熟、现实。你的世界里不再满是诗歌文学，取而代之的则是安培、福特，你变得更加地专注和忙碌了。

曾记得一首小诗："每个转角都会遇到不同的人，或是晴天的阴霾，或是雨后的彩虹。"也许这就是聚散离合吧。我们选择在不同的道路上追求自己的人生：我选择打着油纸伞漫步在江南的雨巷，追求的是宁静而感性的生活； 你选择用计算器来精确规划，追求的是快节奏而理性的人生。有趣的是，两种完全相反的生活方式都不失为理想的人生追求，只要喜欢，又有什么不好呢。

再次遇见你，是在江南苏州古城的一座古老而静谧的校园里，在这里，我本来是参加一次中学生文学创作交流的沙龙，在众位学生此起彼伏的诗歌朗诵声中，我看到了你的身影。

有些惊讶，也有些欣慰。

潺潺的护城河按照古老的河道延续着自己的灵动和清澈，蜿蜒的长安街埋伏着一段段古老的历史，那些故去的仍然被纪念，那些经典的仍然被崇仰，那些美好的依旧被追求。



在苏州古城的长安街，我和这位昔日故友聊着彼此的经历，好奇地打听着彼此。就像吃惯了鱼肉的朱门子弟无法忍受青稞白薯，对于友谊的占有欲是人类与生俱来的，有的人喜欢独处，但没有人喜欢孤独。

她说这段时间的她，就像一个断线的纸鸢，拼命鼓足力量飞翔，她渴望获得理解，尽管在理科的世界里孤军奋战，她仍然需要一份精神世界的充实。职业的方向或许决定学文学理，但是人生的方向不分文理，这也是她这次来参加这个活动的原因，她不甘心被忙碌的生活吞噬掉最本真的心灵栖所。

我一时愕然，长久以来，作为一个朋友，我只觉得两个人形影不离，越来越亲密，而朋友最需要支持和关注的时候我却袖手旁观，对她的内心世界更是一无所知，我总是喜欢用现实的角度去揣测一个人，总是喜欢问好多为什么，用自己的角度去肆意揣测和误解别人的想法，总是把人动机化。自己的猜想再合理，不经沟通对人产生的误解都会毁掉一份诚挚的感情。

一路上，我们经过了一家甜品店，熟悉的目光，彼此会意地望着对方。她问我：“你知道‘提拉米苏’在意大利语里是什么意思吗？”望着我疑惑的眼神，她解释道：“带我走。”

# 地坛已无史铁生

愈 之

在下从中考到高考几乎全程致力于如何从有限的生活里抠出无限的百元大钞，却碍于“三月的北京，温暖宜人。我独自在地坛公园里漫步”，想象着史铁生来这里的情景。

他摇着轮椅进来，看草木生长，看落叶飘摇，看岁月流转。有时候他会带着一本书，有时候他手里握着笔，有时候他只带了孤单与失落。他说地坛里的一切，仿佛都是为了迎接他而准备的。这个坛子也因为有了他的到来而拥有了另一种韵味。

记得第一次读到《我与地坛》的时候，我对自己说，如果可以，一定要去这个园子，看看那座古老的祭坛，听听麻雀的歌声，寻找史铁生待过的痕迹。然而，当我如愿以偿，世上已无史铁生。

朋友说我这是多此一举，史铁生曾经在另外一篇文章中说过他不怎么来这里了，他说这里早已变得面目全非，失去了原本的安宁与祥和。何况倘若他还在世，并且来这里，还让我见到了，我要对他说什么呢？告诉他我是他的读者？我特意来地坛偶遇他？让他知道为了这次旅程，我用完了所有稿费?

对于朋友的质问，我哑口无言。只能安慰自己：有些情感，是旁人不明白的。

2010年12月31日，陈超宇发信息说：你喜欢的作家去世了。我问他哪位作家，他回了“史铁生”三个字。等待回复的期间，我脑海中列了一串名单，其中唯独少了“史铁生”三个字。只觉得，他活得这么艰辛，应该得到上天的眷顾，活至百岁，否则太对不住他的坚韧了。

为了纪念他，每一年我都会买一本他的书，从逝世前一段时间的作品合集《扶轮问路》，到代表作《我与地坛》和《命若琴弦》，再到不太著名的其他书……一年一本，每本都有“纪念史铁生”的字样。

我说不出自己为什么要这样做，只想以这样的方式思念一个人，因为他用一生的时间，写了一个接纳自己的故事，关于残疾与爱情，关于写作与生命。字里行间流露着的那份坦然与真诚，时常轻易地让我潸然泪下。我知道，对于一个写作者来说，在别人的文字中看到自己想写又不敢写的内容，并不是一件好事，却也不坏。

或许正因如此，我才会用买书和决意去地坛的方式来纪念他吧。

记得有一次，我去参加止庵老师的讲座，他谈到史铁生，他说他们是好朋友，得知史铁生逝世的消息后他很难过，想写点儿什么，又一直写不出来。他看了很多悼念的文章，有人说史铁生去了天堂，在天堂里对在世的人幸福地微笑。

末了，止庵老师总结道：“真如别人说的那样，他在天堂过得很好的话，我们就不需要为他感到难过了。”

# 活在温柔里的人只会变得懦弱

左 夏

深圳，一座喧嚣的城，节奏快到令人窒息。虽已入夜，街道上却依旧是车水马龙，哪里都是人，哪里都是灯光和人声，走个广场都是摩肩接踵。

果然是容易让人迷失方向的繁华之地——所以我迷路了。



对不起，开头的文艺范全是骗你的。真实的经历是：记错上车地点导致差点儿错过班车，匆匆上车后才发现自己居然订错了车票，莫名签了份旅游合同心情忐忑地被大巴带着观光了大半个深圳，最后被迫在完全陌生的地点下车，手机网络中断找不到地铁站入口，抱着侥幸心理随大众选择了某一地铁出口，出站后转悠半天愣是没找到公交站在何处，独自折腾到日落时分终于等到了那辆通往目的地的公交车。跟随人流拼命往车里挤才终于插进人缝之中，心安理得地以为《深圳迷路记》终于要落下帷幕，却后知后觉地发现自己竟然坐了相反方向南辕北辙！在同车乘客的哄笑声中依然意志顽强地厚着脸皮挤下车，强忍住泪水跟接应自己的堂姐说没事很快就到了……这一系列的“人在囧途”的辛酸过程后，我的心情其实已经down到了极点——阴沉到不想说话的那种程度。

明知自己出门在外方向感几近为零，路痴的特质也早有觉悟，却硬是铁了心想自己尝试去认路。不能总是去什么陌生地方都要别人带着，好歹已经二十岁出头，总该学会自己独立去面对这些未知。所以尽管迷路了一天，遭遇一堆问题，却还是逞强地告诉担心自己平安与否的家人朋友，真的没事，自己一个人完全可以的。即使过程中的辛酸完全超乎自己的预估，即使各种意外各种倒霉都像演电影似的全让自己碰上，即使陌生人的冷眼旁观甚至讽刺挖苦都尽收耳旁，即使感觉自己背着书包一脸迷茫地站在深圳街头，就像在脸上写着大写的四个字“快来骗我”……我终究还是一个人寻到了目的地，虽然状况百出，但至少，是我自己完成了这次历练。而不是像以往一样，习惯于依赖别人的帮助。

就像堂姐说的，“我相信你可以，所以我坚持不去接你，既然这些困难你自己可以解决，我也就没有必要插手去管”。所以她只给了我一个地址和电话，要我在万不得已的时候再联系她——尽管一路坎坷，但那个电话我始终没有主动拨出。到达堂姐住处后，已经是晚上十点左右，我放下背包洗了个热水澡，便上床休息。果然是比以往长进了不少，自己都被自己感动到。

隔天起床后，打算来个路痴逆袭，一个人从深圳大学出发。下了决心以后，果然方向感爆棚，十五分钟公交车程外加二十七个地铁站，一大早便横穿大半个深圳，从东到西方向明确。毕竟往后还要一个人去很多地方，认路的基本技能怎么可以不及格。

记得曾经看过一段文字，印象特别深刻。“你不要以为活在温柔里的人就会变得温柔，不会，活在温柔里的人只会变得懦弱，我一直这么认为。不要随意去相信那些温柔，蜜罐子泡久了，自己也会化掉，真正对你好的人才不会一直给你糖吃，只会提醒你吃糖会坏牙。对你好的人不是说一定在害你，至少，不会让你成长。”

我想你也和我一样，是浸在温柔里长大的孩子，有很多爱自己的家人和朋友，一直被宠着被照顾着被体谅着，几乎从未自己独立去做过任何带有冒险性质的事情，安稳度日却隐隐地觉得这样不妥，生命好像缺少了些什么——越长大，这种意识就越强烈。

不用害怕，勇敢离开你的舒适区，那才是你真正开始成长的第一步。你会遇到很多困难，甚至是潜在的危险和意外，但独立应对这些未知——才是生命的常态。亲爱的，只有勇敢踏出蜜罐生活，才能更快地成长起来啊。

# 张艺兴：总有少年温如玉

蓝格子

张艺兴是在无意中闯入我的世界中的，我想那个午后若是没有打开《极限挑战》这个节目，我可能一辈子也不会熟悉这个少年。

在观看《极限挑战》这个节目时，嘉宾大多都是熟悉的面孔，唯有一个他像是突然降落凡间的小王子，给我带来了无穷的惊喜。这究竟是怎样的一个少年啊？肤白如雪，清秀端正，眼睛里像是住了一汪繁星，带笑的酒窝盛满了蜜。我才疏学浅不知该用怎样的语句来描述他，但那时候我愿意将世界上所有美好的词汇都赠予他。

温山软水，繁星万千，都不及他眉眼半分。

靠外貌吸粉倒也无可厚非，但往往人如潮水般来也会瞬间因为新的明星人物而散去，但幸好张艺兴不是。他在“极挑”中的定位是一只软萌单纯的小绵羊，永远追着别人甜甜地喊着“哥哥”，有礼貌地对待现场每一个工作人员，对待帮助过自己的路人也是感谢有加，也常常因为自己率直的性格闹出笑话，常年顶着一张人畜无害的脸，将疑问词挂在嘴边，时不时惊讶地问出一句：“啊？”

高颜值这种东西对于艺人来说往往是把双刃剑，人们常常会因为他俊秀的脸庞而忽略他的努力与成长，张艺兴也是如此。

他的外貌出众，配之妆容加上不俗的服饰也可以称得上惊艳，有人说凭借良好的外在条件张艺兴站在那里就是一幅画，可也因为如此，大多数人将他仅定义为花瓶，可观看却无实际作用的存在。在踏足主持界后，又出演电影、电视剧并获得好评，参加综艺节目收获不少粉丝后，很多人更是加深了“花瓶”这一印象，忘记才艺十足的他是歌手出身。

他出生于一个书香世家，对音乐有着由衷的热爱，精通钢琴、吉他等多种乐器，在借助湖南卫视明星学院的平台展示自我后，张艺兴又通过选拔入驻了韩国的SM公司，成为EXO组合的一名成员。看似顺风顺水的音乐之路，很少人知道他背后的辛酸与努力。

很多艺人在成名后会大肆宣扬当初的不易，以此来衬托自己的成长，可张艺兴并不是这种人。苦泪都化作了曾经，他只字不提，偶尔提及也是一句带过，只给众人留下一个甜甜的笑容。这一路走来难道真如文字描述那般轻松吗？初入韩国时的语言不通，加上水土不服等问题都如潮水般向当时只有十七岁的他涌来，多少个无眠的深夜里他都在思索未来的方向，是坚持还是退却，是迎难而上还是知难而退，很庆幸，张艺兴选择了前者，也让我们在今天看见了舞台上光芒万丈的他。



“知世故而不世故”是很多人对张艺兴的评价，凭借着高情商他在各个访谈节目中应付自如，但也同时坚守底线不作无谓之事。娱乐圈中少有真情实感，但张艺兴却凭借自己的人格魅力收获了不少朋友，孙红雷、黄渤及王迅等人宠爱他，小猪、陈学冬、郑凯几人对他也是赞不绝口。

如今，张艺兴还没有大红起来，也许他永远都不会大红起来。可是那又怎么样呢？我们已经有幸认识了这个少年，也见证了他的成长。

锦绣未来长，谁也不清楚前方的道路有几多泥泞，但追梦的少年仍怀揣初心大步向前。

树下有少年，亭亭而独立。

你就一直往前走吧，我会努力去追的。

# 她的努力让我自愧不如

空谷渺音

有一个人，她的努力让我自愧不如，我把曾经高昂的头深深地埋了下去。

## 1

第一次看见她，不知道为什么，很不喜欢她。她是那种高高壮壮的女孩儿，喜欢乱开玩笑，脸上总会有一些别样的表情，像是漫画里那种夸张的表情，有些浮夸，我不太喜欢。

她的成绩不太好。她说自己太笨，老师也无意间透露出来，有时候她会很尴尬，那个样子像是一个稻草人找不到驻足的地方。

那些主科也就算了，可是体育课也那样或许才是她真正的悲哀。

体育课上，老师叫她站到最右边去，要她示范一个动作。老师要她径直跑过去，来证明站在起跑线的外圈并不会跑太快。我静静地看着，她试跑了一次，结果不对，她对老师说："要不，你示范一下吧？"

老师好像没听到似的，漫不经心地转过头来，却看到了站在她左边的我，老师问我："不然你试试吧？就是跑到那个点去。"

我知道无法说不，于是跑了过去，继续跑着，做好了跑长跑的准备。

老师说："没错，就是这样，她就比你聪明多了，回来吧。"

我停住奔跑，虽然我没看到她当时的表情，但是我知道她一定会失落，如果是我，一定会很不服。

我就那样在透明的空间里悄悄地领先了她。明明她比我高那么多，我得仰视着她，可每次她看我的眼神，却让我有种被仰视的错觉。好像我是站在高山山顶的，她却在山脚看。

自由活动时间，她想叫别人和她一起跑步，我却不识趣地走了过来。她很尴尬，原本的笑容僵在那儿，像是照相机拍下的一瞬间。

我想到了这一点，于是转头离她远去。

## 2

初一称体重。她的体重我原本不想知道，只是一个男生不住地在对别人说："她呀，五十五千克吧。"



她的脸有些婴儿肥，看起来比实际上胖一些。

隐约地，我觉得女生Z对她也有些苛刻。Z在和一个女生聊八卦的时候谈起了她，Z说："她的脸真的好大。"说着，Z还在自己的脸上比了一下，她们笑了一阵后，Z继续说："还有双下巴，真的脸好大哦。"

女生之间的谈话总是找不到一个中心，因为一句话又说到了另一件事情。有时候一个女生也会说起她，笑着说"臃肿"这个词，恐怕对她是最大的打击吧。有时候，我想她也会听到那些嘲笑的话语，但是，她的难过我看不到。

## 3

她不聪明，但是很努力，她有很多学习的小方法。比如：她会拿一个小本子摘抄下一些美的句子；她会和一些好的同学一起写作文，然后互相交换改；从学校回家的路上还在背诵。

她的数学是弱项，语文也不好，英语中上。有时候某一副科会没有A，她就这样一直在第二教室挣扎，拼命地想来到第一教室。

努力真的可以吗？我看着她，总会有些疑惑。

虽然很努力，但是她的成绩却没有和努力成正比，不好不坏，有时候还会下降。

她开始健身。刚开始的时候，是每天晚上仰卧起坐，后来她说她喜欢上了瑜伽。暑假的时候，每天做两个小时。

这些都是她告诉我的。慢慢地，我也是蛮接受她的，我们关系还不错。

## 4

我是在一个寒假开始发胖的，因为太过像猪的生活，再加上大家都说我太瘦，劝我多吃点儿。

而她，用了一个暑假，每天坚持运动，瘦到了五十三千克。虽然没掉多少体重，可是体型却变了很多。她的妈妈说她变得好瘦，比初一的时候瘦太多了。

她的成绩也在上升，不知道从什么时候开始，我的成绩却像一场倾盆大雨，大珠小珠落玉盘，掉落土地，终于成了尘埃。

她可以很自豪地站在我面前，对我轻轻一笑。可是在我看来，却是对我的惩罚。当那些考得好的人上去领奖品的时候，我看到了她，我这才发现我跟她的差距，那时候的她，高高瘦瘦的，拿着奖品的时候的神情又是那么严肃而神圣。

那么好的她，把在角落里的那个臃肿的低落的我狠狠地比了下去。

我这才醒悟过来：其实我没那么好，一个好的开始却不一定有一个好的结果。聪明又怎么样，不努力不过是摆设。愚笨又怎么样？她的成功，是坚持的成果。事实往往比空话作用来得大……

好像我又回到了起点耶。

她的努力，让我自愧不如。所以，我的努力，请拭目以待。越努力，越幸运，不是吗？

# 后来，有些邂逅是为了作别

Zerry

翻了翻自己的朋友圈，看到了过去这些日子里写下的只言片语，当然也勾起了某些随逝去的时光一样烟消云散的回忆，还有在那里深深扎根的人儿。

该怎么描述Sue呢？一个声音好听得如同动漫里的人物配音一样的女生，一个在聊天时爱发一些温暖、轻快的字眼包括表情的女生，甚至还是一个过着不少苦兮兮学生党羡慕的生活的女生。但这些都不是重点，重点是她的确是那年我用心对待、并且将我从情绪低谷中拉起来的人儿。

她喜欢在句末加上“啦”“呀”“喔”之类的语气词，时不时发几个“太阳”“拥抱”的表情过来。总之，任何人对她的评价都是温柔大方，包括两年前的我。

那时因为失去了几个真心对待过的朋友，一度十分抗拒别人，只容许泛泛之交，排斥着所有试图走进我内心的友人。后来机缘巧合在网络上认识了许多投缘的、志同道合的网友，几乎想永远活在网络里，现在想想当时未免太过乖戾和幼稚。

Sue就是那么多网友中的一个。

因为她也有与我相似的经历，所以彼此误以为找到了知音，欣喜无比。再加上我们共同爱好很多，于是相识不到半个月，我们已融洽如老友。

那时我大概也是羡慕她的吧。因为厌倦了应试教育，原本一直充当乖乖女形象的她在中考失利后并没有选择复读，而是直接走向了社会，进入熟人的公司里学习平面设计。月薪不算高，但解决生活费绰绰有余，本着来者不拒的心态，她认识了不少杂志的读者，在我QQ所有列表人数加起来不足二百的时代，她的QQ列表只一个分组就上百人甚至几百人。所以每发一条说说，下面总有几百个赞加上数十条评论。

嗯，或许在很多人眼里，她是光。

自某次“促膝长谈”之后，我们决定要做彼此最好的闺密。用起了闺密头像，空间上频繁互动，也因为正值寒假，学习之余便是同她聊天度过。她说我是她的No.1；她说她朋友看起来好多但交心的寥寥无几，除了一个初中的闺密之外便是我；她说我们要做一辈子的闺密，让我长大了去湖南找她；她说你就是我的小太阳呐……我承认，在她这些不管真心也好、假意也罢的糖衣炮弹中，我慢慢走出了心理的阴霾。

我又重新相信了友情这种东西，甚至觉得一切都是可爱的。



直到……直到后来在她的空间里，我看到了那些她温暖过我的话对许多人都说过之后，我忽然有了一种前所未有的陌生感。是否，从一开始我就没有真正了解过她？是否友情升温的速度已经超过了它所能承受的负荷？没有人可以告诉我。

大概心里存有芥蒂吧，我给自己一段时间冷静。在这期间，我开始接触她向我推荐了许多次的青年作家卢思浩的文字。明明不曾阅读过他的文字，但不知为什么，总觉得在哪里看到过，仿佛……在Sue的空间里见过。于是，我立刻去翻了翻她那些说说，那些被许多人连同我在内都十分赞赏的文笔，那些她说是原创的一段一段的小鸡汤，原来——全是出自卢思浩之手。

那是怎样的欺骗啊？每条说说下面都会有人询问：“Sue，这么棒的文字都是你写的吗？好厉害！”她也总是回答：“是的呐，写得不好啦，还要跟你继续学习！”外加一个“阳光”的表情……这些在现在看来竟无比刺眼。我没敢问她，接受这些本不属于你的荣誉，你怎么做到心安理得的呢?

纵使心中有千言万语想说，但念在闺密的情谊还在，我一一咽下肚，当做什么也没发生，继续看她发一些摘抄下来的段子配上小清新的图片，看她告诉许许多多我不认识的人“我们一定会是一辈子的闺密”……但对她，我却再也做不到像以前那般掏心掏肺。

有一次我忽然想到了什么，想试探她说的我们是最好的闺密是不是真的，我半开玩笑地问她敢不敢在空间秀闺密，因为她从没有单独@过我。然而后来我才明白，试不试探，其实心中早有答案，不过是不敢承认罢了。

过了一两个星期，她挑了星期六晚八点多这个在线人数最多的时间段，发了那条所谓“秀闺密”的说说。里面照样是一大段不知从哪儿摘的冠冕堂皇的话，然后在前面加上一句“网络闺密也可以比金坚”。末了，她@了我，在我后面还有几十人。在评论里，她还不忘补一句“排名不分先后喔，你们都是Sue的好闺密”。大概，除了我之外，所有人都感动得稀里哗啦。

如果先前还抱有一丝侥幸的话，那么这一刻是真的觉得失望了。

就好像你有一颗糖，给我舔一口之后，又把糖给所有人都舔了一口，并对每一个人说：“很好吃的糖喔，先拿来给你尝尝。”然而并没有人知道在这之前有多少人舔过这颗糖。而或许知道真相后，大家会恼羞成怒，不为别的，只是因为欺骗。

我和Sue大概就是这样。欺骗能让你获得的东西，势必都只是短暂的得到。友情是很复杂，但遵循的定是真诚。我也总算明白为什么Sue总觉得孤独，明明那么多好友啊。她很会做人，说得简单一点儿就是圆滑。什么都想得到，所以什么都得不到。

女生是很复杂的生物，所以女生的友情认真起来会比爱情还要忠贞。而“好朋友”，向来只在精而不在多。如果你遇到了那个值得你付出的人，那么就拿出你所有的真诚去经营，让对方有安全感，让所有走过的足迹成为回忆。因为向来不是一个喜欢纠缠不清的人，所以我想离开的时候决绝并且坚定。

后来，偶尔会看到她的动态，除了自己的一两句心情，其他依旧是各种摘抄。在那些只言片语中，我也大概能拼凑出她的现状。从湖南北上过北漂的生活，接着又回到了湖南。

我终于懂得了读书的重要性。它可以不是唯一的出路，但绝对让你又多了一条出路。正如我很欣赏的一个作者说的："人总是要做自己不喜欢的事，然后才有做自己喜欢的事的权利。"当然，这些对于早已踏出校园的Sue来讲，早就是后话了。

她依然积攒着本不属于她的人气，我依然做我认为对的事。遇到一些人，权当上了许多堂有益的课，纵使终要告别，仍然好过从未遇到。而对于还在身边的朋友，内心千万个感激。

# 心疼的玫瑰

林霄引

1

后来的子萤光芒耀眼，自从离开鹿七，她成了孤军奋战的勇士。

她的一腔孤勇是鹿七亲手奉送的。



2

子萤是天生的娃娃音，戴着遮了半边脸的大黑框眼镜，男生总爱主动逗她，她红着脸不知如何接茬儿。

鹿七则是锋芒尽显的风云人物。

夏至，插班生子萤自我介绍之后，大部分女生都不同她示好，只鹿七随口道，坐我旁边吧，反正没人。

明里暗里攻击鹿七的嫉妒者向来多不胜数，子萤出现后，有人刻意拉拢她，意图孤立鹿七。

子萤冷淡拒绝，原本甜腻的声线里满是冰碴儿，说客颇为不满，干脆将两个人一起孤立。

大概从子萤碰见鹿七开始，就选择了同她风雪一线。

鹿七也曾撞见三两同学议论子萤，将她贬得一无是处。

鹿七眉眼凛冽，嘲讽道："是看不惯子萤总拿年级前五吧。"

子萤早已习惯一个人，便将纷扰视作耳旁风，如今忽觉，身旁有人相护真是人生所幸。

鹿七一言，能消磨所有诋毁。

有人说鹿七多了个跟班儿，或说是影子。

子萤笑着想，那也甘愿。

## 3

入秋时大雨，子萤将鹿七送到家才赴往父母嘱咐的家宴。

宴席她最后一个到场，备受关注。

叔叔阿姨说，本来美得不行的小姑娘突然戴上那样一副黑框眼镜，把光彩都给遮住了。

父母亦问，眼部不适的症状不是早已消散？怎么还戴着护眼眼镜？

子萤沉默着摘了这副平光眼镜，只道戴习惯了。

其实鹿七摘过她的眼镜。

鹿七说子萤的眼里盛着无尽的光，是许多人梦寐以求的光芒。

但子萤默默拿回眼镜，说自己有点儿近视，得戴着。

既然选择了陪在你身边，那自己黯淡一些，是值得的。

## 4

预计下周开考的小考提前了，鹿七忙着学校活动，复习时间不够，新学的地理知识都没背好。

考试那天全场肃静，纸笔摩擦声覆盖了整个上午。

鹿七纠结半晌，拿出撕下来的地理小册子，开抄。而子萤则奋笔疾书。

忽然极其轻的脚步声在耳畔惊心响起，鹿七神慌意乱，不知该把那几页藏哪，而老师渐近。专注书写的子萤突然不动声色地将小抄挪到自己桌面。地理老师很欣赏子萤，因她记性超群，且做题举一反三。却不曾想她竟会作弊以求荣誉。此后地理老师总是不冷不热，子萤也不做解释。毕竟是自己选择的做法，后果自己承担。

鹿七那天始终沉默，末了只对子萤道一句请求："以后给我补习地理吧。"子萤应下来。

鹿七说："谢谢你，对不起。"

子萤说："我不在意别人怎么看我的。没事。"

子萤只在乎鹿七。子萤的朋友不多，她只想陪鹿七久一点儿，再久一点儿。

## 5

鹿七的学长争取到了重点大学的保送名额。学校是鹿七自小向往的高校。学长披星戴月，终于踏出历史性的一步。

如今学长对于鹿七来说，是里程碑般的象征。鹿七为了能多同学长聊几句，放学时都紧跟其脚步，而子萤沉默地在一旁。

有一日子萤有事先走，学长忽然道："子萤的娃娃音还蛮特别的。"

鹿七愣了会儿，答道："是啊。"

学长又问："但听一个学妹说她很做作，这是真的？"

鹿七即刻想反驳，不用组织语言，脱口而出就会是发自内心的笃定。

可她突然想了很多。

最后出口的竟是句："是有一点儿。"

没多久，“鹿七说子萤有点儿做作”这句话流传到了同学间。

有好事者来问真假，鹿七坦然道：“是啊。”

这些结果都在意料之中。

## 6

子萤最后一次同鹿七说话，是红着眼眶的。

她像那个好事者一样问了同样的话，却是令人心碎的语气。

鹿七心想，她会离开我了吧。

子萤果真离开了。

在同学眼中，子萤很快变了样，与鹿七截然不同的美，与鹿七对立，又优秀谦虚。人人都爱。

她不再是别人的影子，她披荆斩棘，满载而归，收获本该拥有的荣光与赞美。

而鹿七，竟在十几年的人生中，难得体会到一种不属于自己的满足。



记得子萤刚坐她旁边，只一瞥就让她有了个念头：这姑娘摘了镜框一定特美。

也记得她打着伞，送自己到家，又匆匆回到雨中。

她的举手投足、小心翼翼，她的温柔和担当，她特别的娃娃音。

但所有的结果，都该自己承担。

只是偶尔会想念那朵夏日的玫瑰，半开未开，全世界只有鹿七最明白。

## 可惜你不是水瓶座

我一直觉得我有一个特牛的姐姐。

虽然她上不知天文下不知地理，不敢上刀山下火海，不能为我两肋插刀，甚至关键时候还插我两刀。

……

但我就是觉得她牛，不需要理由。

可惜你不是水瓶座，你没理由哭了，所以请你以后不要再乱哭了。

我亲爱的大头小姐。

# 可惜你不是水瓶座

zzy阿狸

## 1

我认识一个姑娘，这些年来那么多人来来去去，她却一直陪着我。



就叫她大头小姐吧。

名如其人，脑袋大得很。

她没有青春故事里的女主角那么光芒耀眼，从小到大爱自拍爱贪小便宜，又贪吃又懒，晚上吃完饭后倒在床上能睡死到次日十二点，这种人丢进人海里估计没几秒就会被淹死。

番姐对她的评价是："手脚长得特像她爸的，特丑，头大，个子又不高，还好长得好看，不然她的终身大事我看是很难解决了。"

## 2

大头小姐比我大了差不多六岁，QQ资料上她特意隐藏了出生年份，只显示公历3月3日，估计已经不是如花似玉的年龄了，所以才这么忌讳。

我上一年级的时候，大头小姐在念初二，一个天真烂漫心花怒放的青春丑少女。那时候家里还没有添置电脑，但这压根阻止不了她迫切与外面的花花世界交流的欲望。于是大头小姐会攒着少得可怜的零用钱和省下来的伙食费来买CD。然后每周回家都会在CD机前假high地握着没插线的麦克风边唱边跳，还不断地向我抛来媚眼，偶尔冲着我喊："喜！欢！吗！"我安安分分地坐在小板凳上，无视她在一旁严重骚扰，兴致勃勃地把新发来的课本从头翻到尾，再从尾翻到头，乐此不疲。

当然上了二年级后觉悟了，其实课本一点儿都不好看，后来就不再翻课本了。但又苦于没人陪我玩泥沙，于是只能极不情愿地当她演唱会唯一的观众。

那时候听不懂她在唱什么，看着她唱着唱着就两眼泪汪汪的样子觉得她特傻。她深情朗诵过不少歌词，但最后我记得比较清楚的只有杨千嬅的《可惜我是水瓶座》中的两句：我就回去别引出我泪水，尤其明知水瓶座最爱是流泪。

我托腮问她你怎么唱着唱着想哭，她怒吼你没看歌词吗?水瓶座最爱是流泪！我不敢吱声。她唱完后，嘴巴一噘，眼泪像断了线的珠子一样往下掉，跑回房间里一边抹眼泪一边写日记，留下杨千嬅深情款款地对我唱歌。

但现在我才发现她是双鱼座的。

你看，十四五岁的年龄，连哭都要找个理由。

## 3

我念四年级的时候，大头小姐在县城念高一。她回家的频率从每周一次变成了每月一次。以前还能每天掰着手指头数她回家的日子，现在手指头却明显不够用了。

四年级是小学的一个分水岭，这标志着我不是一名头脑简单的小学生了——至少四肢已经开始发达。那时候家里经济困难，但番姐还是每周给我五块零用钱，随我自由支配。

开始的时候我是很热衷于一毛两毛的辣条和泡泡糖什么的，拥有五块钱简直是土豪。但当进城修炼了一个月的大头小姐回家给我洗脑后，观念立马转变。

她捏着一张紫云面包店的宣传单在我面前晃呀晃，指着上面可爱的小蛋糕唾液乱飞地逐个向我介绍，最后扭过头问我喜不喜欢。

我点头如捣蒜。

我用小手指着其中一个说我喜欢这个。大头小姐的手指滑向价格栏，告诉我这得三十五块。我惊呆了，反问她："上面不是写着3.5元吗？"大头小姐很轻蔑地说那不是小数点，而是苍蝇屎。

那一刻我才发现五块钱是多么渺小。为了能吃到好看的小蛋糕，我咬咬牙开始存钱。

存了好久，把钱郑重地交给大头小姐后，又在家盼星星盼月亮等她回来。一个月后她终于回来了，还带来了我梦寐以求的小蛋糕。



虽然有点儿货不对版，但我心里还是蛮高兴的。

第二天大头小姐就被江叔要求跪在地上，鸡毛掸子一下一下地抽在她身上。

"你说你为什么要骗你弟弟那么多钱，你是不是在外面学坏了？！"

大头小姐的泪一滴一滴打在散落在地上的低面值人民币上。

我躲在门后面不敢说话。

那时候江叔给她每个月的伙食费及零用钱才三百块，而我现在光是伙食费已经三百了，她抓破脑袋省钱把一毛钱掰两半都不够花。

大头小姐，其实我早就知道那一个小数点不是苍蝇屎。你跟我说的那天晚上，我用橡皮擦了很久很久都擦不去。

尽管那时候我不知道钱除了买辣条还有什么用，但我隐约明白你骗我有你的苦衷。我压根儿没想到你会兑现你的承诺买小蛋糕，省下来的三块五或许可以帮你改善一下伙食吧。

## 4

我念初一的时候大头小姐已经是一名标准的大一新生了。

其实按理她应该念大二才对。只是第一次高考落榜，她又复读了一年，忍气吞声终于扬眉吐气考上了广州美术学院，大二的时候还顺带牵了个男朋友回来。

那一年我从小镇考到了县城的中学，生活环境和学习进程都和小学时很不一样，既不适应新环境又没有朋友，憋屈得想哭。而大头小姐在广州天天吃嘛嘛香，在微博和QQ空间疯狂刷屏，小日子过得十分滋润。

同样是新生，差别大得我想哭。

那时候对直板手机的渴求不大，于是，200卡扮演了一个很重要的角色。那时候学校装的电话机不多，又很破旧，每次用都得输入一大堆的数字，我动作慢，每次都会被后面排队的人小声地骂几句。十几位的账号和密码把我折磨得不行，更别说电话号码了。最后干脆把大头小姐的电话号码刻墙上了。

我在这头孤苦伶仃地向大头小姐诉苦，大头小姐在另一头一边和室友打闹一边应付我。每次都给不了我有实际意义的建议，说得最多的是："哈哈，是真的吗？真无聊，你等会儿……哦，嗯，然后呢？"

华仔说："今时今日这种服务态度是不行的。"

可每次还是会排长长的队一边埋怨前面的人怎么那么多废话，一边埋怨大头小姐每次都敷衍我。

但在接通电话的那一秒，所有的负面情绪都会释怀。

想起了小学的时候每次填监护人电话我都会抓耳挠腮，因为总是记不住，每次都被老师骂很久。六年级花了很大劲儿才勉强背下了番姐和江叔的，所以背电话号码对我来说真的是很折磨人的一件事。

到现在为止，我能脱口而出的手机号码只有番姐的、江叔的、我的。

当然还有大头小姐的。

学校楼梯下的200电话机日渐被忽略，被冷落了。

不知道那串刻下的号码还在不在。但一笔一划，都刻在了我的心上。

## 5

上了高中后，学习和社团把我忙得团团转，大头小姐的大学生涯也进入了尾声阶段。

毕业就等于失业，失业就得结婚。大头小姐男朋友的家里人催着他俩结婚，大头小姐说太早了不急不急。

她在微信中告诉我要等到我高考完才结婚，因为她不想影响我的学习。



我立马回了一句：好假。

心里某个地方却温柔得像一片海。

但今年的一月份大头小姐出嫁了，而我还在念高三。

你看，果然是假的。

男方在广州，而我家在罗定，相距两百多公里，最终没能在同一天办喜事。他俩上门那天就当是我爸妈嫁女了。那天中午我请了假回家，家里挤了很多人，大头小姐坐在客厅应付着亲戚，真的挺热闹，而我却未能好好地和大头小姐说上几句话。两点多吃了一顿饭后，大头小姐就要回广州了。

她上车的时候，我哭不出来。简单地挥了挥手，算做告别。我视力不好，看不清车窗里她的表情。

一周后，大头小姐在广州举办了婚礼，而那天我要考试，没能参加她的婚礼。

大头小姐曾经和我说得天花乱坠，要让我穿上西装，梳着帅气的发型，见证她这辈子最幸福的时刻，我那时候还特忧虑地说我没穿过西装会不会很难看。但事实上她在婚宴上喜极而泣，而我在两百公里外的考场上眉头紧锁苦苦挣扎。

你看，多假。

但并不代表我忘记了。

那天晚上，我和一个小伙伴在楼顶上吹了很久很久的风，整个晚上我都心不在焉。时不时掏出手机看时间，猜着婚礼进行到哪一步了，想象着大头小姐一步一步走向陈先生，幻想着陈先生温柔地吻了她。

我再适时地鼓掌，欢叫，然后湿了眼眶。

那晚楼顶的风温柔得要把人都惹哭了。

## 6

我一直觉得我有一个特牛的姐姐。

虽然她上不知天文下不知地理，不敢上刀山下火海，不能为我两肋插刀，甚至关键时候还插我两刀。

从小到大爱自拍爱贪小便宜，又贪吃又懒，晚上十二点赶回家后能睡死到次日十二点，这种人丢人海里估计没几秒就会被淹死。

但我就是觉得她牛，不需要理由。

“我就回去别引出我泪水，尤其明知水瓶座最爱是流泪。”

可惜你不是水瓶座，你没理由哭了，所以请你以后不要再乱哭了。

我亲爱的大头小姐。

# 有个巨蟹女孩儿属于我

bottle

这个人曾经对我说过："一想到以后可以对别人说你是我朋友就觉得很自豪。"我甚至可以想到那厮是笑得像个傻瓜一样地说的。

那时候我的心情处于低谷，友情、写作、学生会，总之几乎事事不顺，可是那时候她还在看小说，看着我写得很烂的小说对我说："以后一想到可以对别人说你是我朋友就觉得很自豪。"



这个人外貌不是很出众，可以湮没在行人里当一个尽责的路人甲，但是只要再仔细看一下就会看出她的与众不同，比如这厮睫毛虽然不长但是非常浓密，像画了浓黑的眼线。她的眼睛一下子把她提高了很多个档次，非常漂亮；再比如她有俩超级深的酒窝，而且不会藏着掖着，她经常笑。如果你突然有那么一点儿兴趣要去接近她就会发现，这个人不仅仅只是与众不同而已，而是一个奇葩，超级大奇葩。

她最奇葩的地方是笑点低，也许我这辈子再也找不到笑点这么低的人了。当年她对我们说："从前有一个剑客，他的眉毛是冷的，他的鼻子是冷的，他的嘴巴是冷的，他的心也是冷的，他的剑也是冷的，最后他被冷死了。"这个笑话让我们对她的笑点有了一个大概的估计。几年过去了，我还是没有找到那个笑话的笑点在哪里，但是她的笑点一直在打破低的极限，据推测目前她的笑点已经不在地球上甚至有飞出银河系的趋势。

前几天讲笑话，室友听完之后很无语地问了我一句："是不是你们福建人笑点都很低啊？"我说："不是啊，就只是我们宿舍的笑点低而已。有一个人就怎么逗都不会笑。"寝室长很可爱地说："那是那个人没情调。"于是我把这对话发到空间并且附上总结：笑点低=有情调。结果她以及小太后评论：哈哈哈……

夏天的时候打电话给她，刚刚兼职结束，喝着酸奶坐在马路上抬头看昏黄的路灯以及稀疏来去的人，不知道他们是用什么眼光看我这个坐在大马路上讲电话的人。和她讨论着最近的生活讲讲最近看过的小说，遇到的事情和想到的道理，每次讲到中间都会和她大吼大叫的，她也会在电话那头气急败坏地和我说"你不要这样好不好""你听我说""啊啊啊你先听我说好不好"，每次都是这样，最后以凶巴巴地说"再见"收线。恰好我也把一包酸奶吸得一点儿不剩，起身拍拍屁股，将包装袋扔进垃圾桶，顺带着兼职结束后的疲惫也都在和她的大喊大叫里扔掉。

她是巨蟹座，到现在我都看不懂的巨蟹座，看不懂她的悲伤，即使很难过心情很低落的时候依旧哈哈大笑，但又绝对不是强颜欢笑。我在想，是不是她失去表达失落的能力了，没有那样的表情可以来表达她失落悲伤的心情。然后我学习她那样，学了几分我不知道，我知道的是现在好像不会再经常犯傻，就是在难过的时候说话也很欢愉，明明已经对她说了我很难过，她还是回复我说："可是我感觉你很开心啊。"看到这样的话，本来难过的心一下子就豁然开朗起来。她就是有这样奇怪的魔力，即使是我们三观不同，经常意见相左。

前两天我们因为一篇小说在争执，在我收起电脑，手机上线的时候还收到她的消息说："我已经过了看校园小说的年纪了。还有，你不要哭。"她知道哪些话会伤害到我，但是还是毫不避讳地讲出来，知道我们彼此没有错也就没有所谓的道歉。于是这两个幼稚鬼的对话经常是这样："我以后再也不会看你推荐的小说了。哼！""我也不会！我也不要听你推荐的歌了！""我不看你推荐的电影了！""我不看你推荐的韩剧了！”“韩剧你根本没看好不好！”结果两个人又因为这样的事情吵了起来。她说：“看到你跳脚我就圆满了。”“像每个晚上一样，祝你晚安。”

结束战斗。晚安。

这个人用言语和真诚的心为我清除了一些迷障，让我觉得，虽然阳光苍白但是还好阳光还在，五年来的日日夜夜消逝，而我们渐长渐久的关系在逐日地稳定下来。没有人天生就能获得友情，只要肯去经营肯去相信肯去喜欢。

“我想认真去生活，可以让你以后自豪地说这个人是我朋友。可是我很差劲，做不到。”

“不会，你的存在就足够让我炫耀了。”

“等我有资本了你再拿出去炫耀，现在我啥都没有！”

有时候我煽情一把对她那样说，她也会回我以煽情。不过……恶寒了一下，我们都不适合煽情的啊，还是吵架比较适合我们。

# 达人杂谈

小　鱼

许如白在某个平常得不能再平常的午后角落里醒来，周围是安好的一切，麻木的脸和麻木的光。“这不是真的，这不是真的，这不是真的……”许如白摇头晃脑地嘟囔着，下一秒许露的巴掌就拍到了许如白的头上：“抽什么风啊！这节是语文课！坏了！大白熊怎么看过来了！他干吗张嘴啊？叫我了……叫我……啊！”

“许——”

“不要啊！”

“如白。”

“上来填解词。”

“唔——还好还好。”许露很没良心地松了口气。许如白鄙视的目光紧接着就在许露头上盘旋了。许露冲着前面摆口型：喊。你做题还用担心么！

啊……

那么那些多余的担心是谁给的呢，在我的血液中流淌，增加了些许多余的分量——那是原本翅膀该占的重量。于是，我只好奔跑在这世界上。

“哎，今天中午刘思嘉又被欺负了，邹宇干的呢。”“为什么啊？”“这还用问吗，他们欺负人根本不用理由啊。”“刘思嘉也太软弱了。真是。”“不过还是离邹宇那些人远点儿的好。”“嗯，就是啊。”“哎，许如白你要干吗啊？喂！”许如白径直走到那张笑得让人恶心的脸面前：“不觉得自己是过分的垃圾么？”

“啊？你说什么？”

“而且还是欺软怕硬的垃圾。”许如白的话有些自言自语的味道。

“你这种老师的乖乖女知道身上被砍一刀是什么感觉么？”终于反应过来的大脑指令这令人作呕的嘴一张一合地低声说道。

“你凭什么欺负她？就凭你自认为的强大么？你根本是最软弱的，欺负比自己弱小的人，你的道德已经低到死海的最低端去了！你有21世纪的人该有的素质吗？你在有帮助她的另一种选择的情况下选择了欺负她。不觉得羞愧么？”

……

“许如白原来是这种爱管闲事的人啊，以前一直看她挺安静的啊。”“真没想到，许如白为了刘思嘉惹这种小混混。”

“邹宇一定不会就这么算了的。”

这句话还不算废话，因为在放学时它应验了。

“你能把中午说的话再说一遍么？我有点儿忘了呢。”此刻，身后站着的邹宇语气高扬。

“哦？忘了呢，为什么找来这么多人呢？这为你动手找的借口也太差劲了吧。”

“兄弟们，上吧！”

这个年代的人习惯为自己找借口，哪怕是那么拙劣的。

“哎呦，疼啊，轻一点儿。”

“知道疼就好！惹那种混混干吗！”

因为我怎么能让灵魂卑躬屈膝呢。

许如白没说出口，因为太煽情了。

路比开始的时候要颠簸些了，让我犹豫着怎样坚持下去，开始慢了下来，变成了行走。

“你知道么，我妈不让我画画了，我昨晚偷偷地画水粉被她看见了，把我的画笔和水粉盒全都拿走了。我现在天天看着那一堆复习资料就头疼，我很早就对她说过，我画画不是为了考学，我学习是为了我的画！为了减少社会原因对我的画的影响！她不是说能理解么！她不是说支持么！她不是说人生是自己的么！我的笔……”她说不下去了。她哭了。许如白哭了。有多少高三的学子在不知名的黑夜里哭了。然后擦干泪看那些从来没有喜欢过的书。脖子开始酸痛，因为趴在地上仰望天空太久太久。

这是荒凉的年代。心上。

有一个起点叫梦想，可谁知道我们为了抵达起点付出了多少：我们飞翔，但终究掉了下来；飞行不了，我们奔跑；不能奔跑，我们行走；不能行走，我们爬行。只要还有一口气，就要向着梦想的方向靠近，不论怎样。

# 斗 战 魔

杨沐霖

教室最后一排，几乎都是学渣，这已成为每一个班级不宣的秘密。不幸我就被安排在了这个位置，而且和小胖同桌，他可是学渣中的学渣。而我却并非学渣，都是身高惹的祸，一米九多的“海拔”，看同学几乎都是俯视，一挡一大片，老师就是想把我前移也不好办，用老师的话说：要怪只能怪遗传基因。

小胖，学名庞无忌，除了忌学习之外，真的什么都无忌，尤其电子游戏，那真是战神级人物。“人各有志，术有专攻”是他的口头禅，“条条大路通罗马”是他的信条，“设计中国人自己的游戏”是他的梦想。我们几乎同时喜欢上了《斗战魔》的游戏，除了游戏的生存恐怖元素，它出色的音响配置、攻防实效和整体吸引力都很棒，特别是剧情战役中的主角都有自己的同伴，如此一来就可以和好基友一起玩精心打造的分屏模式。虽然根据玩家的表现和难度可以自行调节，但我才刚刚入门，他已得了几万分。他得的装备让人眼花缭乱，惹人羡慕嫉妒恨。等我费了九牛二虎之力也到了万分，他却已成了大师级人物，这款游戏仿佛专为他开发一样，一柄开天斧，直杀得对手丢盔卸甲，狼狈逃窜。

看到小胖横扫千军不可抵挡的气势，我深深被他感染，也摩拳擦掌，跃跃欲试。我们一起爬窗越墙，和宿管员打起了“游击战”，即使用去了我所有的课余时间，花光了所有的零用钱买装备，也是兵败如山，缴械投降。玩游戏上不了档次，学习成绩却每况愈下，由年级前五名一下子后退到五十名之外。自然招来老师和家长的口诛笔伐和种种威胁。无奈之下，我一咬牙一跺脚，断了电游，回归半亩方塘。

这时的小胖，却对电游到了如痴如醉的地步。经常夜不归宿，日间逃课，偶尔上课，也是不离手游。数学课，老班正在讲题。小胖拿着一张画满地形和角色的纸问我："如果是你进攻，选择哪条路线？""当然是这条最近的大道。"我回答。他若有所悟，忽然一拍桌子："对了，我想明白了！"同学们被他吓了一跳，紧接着全体哄然大笑。老班还没来得及反应，他已拎起书包冲出了教室。好在老班已把他当成透明人，不去理他。

从那一天起，我再也没见到小胖，但关于他的消息却从四面八方向我汇集。听说《斗战魔》的游戏被小胖演绎得出神入化，淋漓尽致。那真是：开天斧一出，极光四射，日月失明，天昏地暗。小胖玩游戏，一招一式都超酷、超炫、劲爆！看他玩游戏的人每次都围得水泄不通，无不啧啧称奇，叹为高手高手高高手，并由此得了一个"游控"的绰号。小胖不仅玩游戏，也在尝试着设计游戏，据说他已经引起了电游公司的注意。

很快，我们进入高考倒计时。当我幻想着以理想的成绩被向往的大学录取的时候，听说小胖已经成为某电游公司的设计师，而公司另一个设计师，据说是一个海归博士。

紧张的复习，神经就像拉满的弓，再多用一点儿力，就会弦断弓折，我们像射出的箭，抛弃了所有的私心杂念，开始最后的冲刺。就在我把小胖的名字抛到九霄云外之后，却意外收到他的微信："牧林，谢谢你帮我做了正确选择……你喜欢阅读和写作，我喜欢电子游戏，让我们为了各自的兴趣和梦想共勉。"落款处赫然写着：爱你的斗战魔。

# 你有多爱你自己

沐　夏

上大一的表姐回来见到我的第一句话就是问我："夏夏，你觉得你最爱的人是谁？"

我几乎是一愣然后条件反射地回她："当然是我爸妈。"

"真的是这样吗？"

真的是这样吗？不是这样又是哪样呢？我有点儿困惑了。



然后她喝了一口水捧着杯子开始给我讲了一个关于她大一学习生涯的故事：

大一的老师上课和高中不同，他们的教学方式千奇百怪。而我的心理学老师更是奇怪，他讲课跳跃性很强但是依旧很生动所以特别受欢迎。有一次他上课上到一半突然问下面的学生一个问题："你们最爱的人是谁？"

当时底下的人都有些莫名其妙，以为他只是问问就会过去了，没想到他拍了下手说："好，你们现在在一张纸上写好你们最爱的人交上来。"所有人都一头雾水，但还是按照他说的去做了。当时我写的是父母。

第二节心理课时，心理老师把我们写的纸条全部拿了出来，绝大多数是写父母，还有的写奶奶爷爷等别的亲人，当然，也有人写自己的爱人。

我觉得这很正常，毕竟是人之常情。

那老师不止做过这一次实验，他做过很多次。老师问我们："为什么没什么人写自己？"下面安静了好一会儿，半晌才有人小声地开口："写自己不是会显得特别自私吗！"没有人不爱自己，但是把一个事实完全暴露在空气中又是另外一种含义。

然后我才知道，也是有人写自己的。我认识其中一个写自己的女生，漂亮又聪明，性格好还有能力，还会跳芭蕾，年年得学校的学业奖学金，还靠写稿赚钱，每个月还往家里寄些钱回去，跳舞的时候就像是一只骄傲的白天鹅，是那种一看就让人觉得美好的女生。

这样懂事的女生说她最爱的人是自己。

后来她在博客里写了一篇文章：

不愿为了别人放下身段，不愿为了别人委屈自己。做一个最真实，完全爱自己的自己。

一个人如果连自己都不爱怎么会有爱别人的心。

这个世界没有那么美好，真的。

没有人会那么爱你，所以你必须学会爱自己。学会爱自己才会爱别人。

学会爱自己，不是娇纵不是任性，而是做一个真实的、幸福的、好好生活的自己。

这种爱，是为了让自己成为更好的自己。

表姐说完这些的时候沉默了一会儿，又喝了一口水，然后才悠悠地抬头看我："我以为只要考上了一所好大学就算是对得起这几年的努力了，可现在我觉得远远不够。我不愿为自己牺牲，也没有多爱别人。就像是我以为我考上了好的大学我爸妈会高兴，其实这和他们又有什么关系呢！”

表姐一向是我爸妈眼里的模范孩子，是我从小到大追逐的对象，是“别人家的孩子”。从她嘴里听到这些话让我有些适应不过来。所以我没有说话。

表姐一家人回去后我听妈妈说表姐已经把原本丢了很多年的钢琴又拾起来了，还去打了一份暑假工，说是要体验生活。

表姐她开始为了那个爱自己的自己而努力拼搏了。她说，不要再辜负自己了。那些年她努力却不知道为什么要努力，如今她想为自己好好前进。她说：“我最爱的人其实是我自己，那么我有多爱我自己就要让自己有多美好。”

现在我也想好好问问我自己，我最爱的人是谁，我有多爱她我愿意为她做怎样的努力？

要好好学会爱自己。爱不是放纵，不是无所畏惧，是为了让自己成为更好的自己。

# 最后一个阴天与从前说再见

夏南年

## 1

陆苹果的自尊心终于在第三节课爆发了。

班上的男生不知道是哪根筋又搭错了，讨论起了班里外形最奇葩的女生，陆苹果分分钟成了炮灰。

“你看她的名字，不仅引领了广场舞，还引领了电子市场。”

“对对对，还有她一头卷发，很适合引领烧焦了的东西。”

……

很快话题就变成了点评陆苹果的外貌。圆珠笔在本子上划出了一道口子，陆苹果不想在意，心里还是碎成了一块一块。

镜子就摆在笔袋的第一层，陆苹果悄悄地环顾了四周一眼，又飞快地掀了一下笔袋，偷偷摸摸地使劲按了按额前最卷的几根头发。

如果按照小说的套路，这时候应该有个男生站出来让那群幼稚的人闭上嘴巴——有时间还不如回家先自己照照镜子。可是小说的情节是为那些优秀又漂亮的女生服务的，陆苹果不一样，她唯一有的，便是那种在一瞬间爆发出来的勇气。

“你们能不能把嘴闭上？”陆苹果气壮山河地吼道。

男生们先是一片哗然，紧接着却更大声地说了起来。那个叫张千阳的男生还吹着口哨学陆苹果的样子大吼，引得班里笑声连连。

陆苹果不吱声，她把卷卷的刘海儿尽量压低压直，鼻子有点儿酸酸的。

陆苹果想起，前段时间她把这些事情发在一个吧友都很友善的贴吧里后，得到了很多回复。

有人说："楼主太善良了，一定要严肃一点儿，杀杀他们盛气凌人的气势。"

有人说："这样的人每个班都有，楼主不要理他们。如果需要，免费邮寄一对耳塞。"

还有人说："楼主花一两百元去理发店把头发拉直就可以了，一定美美的。"

陆苹果咬着嘴唇想，口袋里一共有二十元钱，把头发拉直妈妈估计不会同意。想到这里，陆苹果抓狂地挠了挠自己的头发，明明父母都是一头柔软的黑发，可是为什么她偏偏是一头卷得奇丑无比的短发？上帝关上了一扇属于她的门，也没有记得给她再打开一扇窗。



## 2

回到家后，陆苹果向妈妈提出了拉直头发的想法，妈妈的反应令她异常气恼。

妈妈拿着锅铲穿着紫黑色的围裙粗着嗓门吼："说了多少遍了不用管你的头发，心思都放到这上面了能学好习吗？"

陆苹果怯怯地小声说："可是同学都笑话我。"

妈妈的脸一下子就红了："谁笑话你？啊？你说是谁，我去找他。"

陆苹果不出声了，眼泪不住往下流，她想，不过就是想像同班那些女生一样，把头发拉直，变得好看一些。邵子宁说过，十六岁是女生最尴尬的年纪，时尚一点儿古板的家长不同意，听父母的话整个人就幼稚得像个笑话。他说这句话的时候，陆苹果连头都没敢抬。

陆苹果沮丧地拽了下书包，想回屋里写作业，包里还有一本张小娴的书没有看完呢。没想到厨房里妈妈爆炸性的声音伴着炒菜声又传了出来："前几天要买圆领衫，再前几天要买松糕鞋，还有什么铅笔裤，现在又想把头发拉直，心思在学习上吗？不想学算了，别浪费钱。"

一股怒气从陆苹果的心里蹿了出来。她低头看看自己，依旧是一身洗得发旧的衬衫和运动鞋。"我提的这些你满足一样了吗？"

伴着声音出来的，还有眼泪。陆苹果已经习惯了哭的感觉了，鼻子酸一下，心里自卑一下，眼泪咸咸的、涩涩的，心里像藏着一颗柠檬一样的酸糖果。

陆苹果又想到了邵子宁。

如果上上个月没有把自己所剩无几的钱用来给他买生日礼物的话，再加上现在有的钱，一百来块应该也够去一家不好不坏的小店做个洋气的梨花烫或是直发。

可是……陆苹果不再理妈妈，把屋门反锁，从抽屉里掏出了一个精致的小盒子，里面放着一块手表。店主说："这块表上劲后可以走很久很久。"陆苹果没有给它上劲，而是把时间调到了五点二十分二十秒的位置。

几天前邵子宁就说了，生日会开在这个星期六的下午，会请全班同学一起去，陆苹果已经跟补课老师请好了假，她想好了，年轻的时候再不勇敢就没有机会了，那天下午五点十九分，她要把表送给邵子宁，从他拧动发条的那一刻开始，他的时间便是从陆苹果想诉说的"我爱你"开始的。

这几天阳光很好，白昼被拉得很长，陆苹果用手把头发全部弄到脑后，窗户上映出的模样竟也和远方玫瑰色的晚霞一样闪耀着光芒。

如果能把短发拉直，再烫个梨花烫正好铺在肩上。穿上那种领口有一个蝴蝶纱结的圆领衫、铅笔裤和松糕鞋，就再也不会有人嘲笑她了吧，邵子宁也就再不用忍笑忍得那么辛苦了。

思绪翻转回之前不知到第多少个日夜。某个课间，一个调皮的男生扮着鬼脸说陆苹果的打扮是农村一朵苹果花时，全班哄堂大笑，有的人甚至笑得摔下了板凳，只有不远处的邵子宁在忍着笑，嘴角被他强行撇下来，阳光落进他的眼睛，格外好看。

陆苹果便是从那一天开始收藏起他的名字的，她想，邵子宁应该是个懂得尊重别人的人，不会像其他人那么肤浅。

## 3

回到学校后，陆苹果依旧时不时充当一下小丑的角色，日子却随着周末将近而变得越来越不同。

周五的晚自习化学老师上了一个小时的课后，突然玩心大动，让他们玩一次真心话的游戏。人数太多，化学老师说，每个人都把自己喜欢的那个人的名字写下来，还要加上原因和开始时间，写完后一起放在讲台上，她随便抽几个念给大家听。当然了，这是匿名的，但是大家猜出来也没办法。



一瞬间班里乱成了一锅粥，有人阴阳怪气地说这不是胡闹吗？有人大夸不愧是刚毕业的老师，真威武。有人则是红着脸一副不甘不愿的样子，但除了陆苹果，每个人却又都在奋笔疾书。

陆苹果愣了一下，还是犹豫着认真写了下来。

“真心话还作假就不好玩了。”化学老师说。可是真心话太真实就成笑话了。

全班七十个人，化学老师第三个便抽中了陆苹果的纸条，全班毫无例外地把目光送到了陆苹果和邵子宁那儿，在一片起哄的混乱声中，陆苹果低着头，垂下的卷发却没能挡住耳朵不自觉搜索到的对话。

“子宁，你还忍着笑？你什么时候成正人君子了？”

“啊？那天我嘴角裂了，不忍着笑行吗？”陆苹果惊讶地抬起头，迎上了邵子宁不经意间投来的一个嫌弃的眼神。

空气在一瞬间变得稀薄，陆苹果使劲把头埋进课本，化学老师没想到会这样，一边控制着纪律一边抱歉地望着陆苹果，而陆苹果只是不停地想，千万别有人看到她发烧的脸，不然她该又多了一个“番茄”的外号了。

## 4

这晚回家的路似乎特别漫长，陆苹果觉得自己的心已经碎成了渣渣。日暮在不知不觉中变成了深邃的夜，陆苹果受伤的心经过晚风的洗礼也平静了不少。

打开门后，妈妈劈头盖脸地冲着她骂道：“你又野哪去了？那么晚才回来。”

陆苹果不吱声，板着脸跑进自己的屋反锁了门，任妈妈在外面怎么敲喊都不理不睬，直到门外的声音弱了一些，爸爸对妈妈说：“偶尔也该给苹果放个假，让她自己干自己的事吧，晚饭留在桌子上就行了。”

张小娴说，当爱情缺席的时候，学着过自己的生活。过自己的生活，就是跟自己谈恋爱，把自己当成自己的情人那样，好好宠自己。

陆苹果一边想着这句话，一边拿出了那块手表。其实手表是她自己最喜欢的款式，之前她一直在担心送给邵子宁后，会不会被嫌弃女性化，现在看来，没有这个必要了。

陆苹果拧动表盘边凸起的小纽扣，把时间调快、调准。想起前几天预备的告白行动，她发自内心地笑了。

从指针走动的这一刻开始，她不用再担心邵子宁是否会喜欢这块手表，心中的石头落了地，她突然觉得，以后自己的时间也是从五二零开始的。

没有人理解自己没有人喜欢自己也没关系，至少她还可以自己爱自己。

# 正男，路过我青春的渣男

婉玉

生活一直很平静，直到遇到了他。

从二月份开学到四月初，我喜欢上了一个男孩儿。原因很简单，仅仅是因为他的穿着是我喜欢的风格！好吧，我承认自己的穿衣风格一直很差。

那段时间，班上的女生们都十分迷恋金秀贤，那个来自星星的美男子，可我却不为所动。因为我的心里已经住进了一个男孩儿。每个故事里的男主角都有个靠谱的名字，什么泽希啊森奇啊。在这里我就叫他正男好了。

第一次遇见正男，那是个烟雨濛濛的早上，早读下课我赶回家吃早饭。我撑着一把小花伞走在路上。正男就在这时出现了。我到现在还记得，他当时穿着一件橘黄色棉服，深色修身牛仔裤，棕色马丁鞋，黑框眼镜，齐刘海儿。简直就是一气质型男。但高度近视的我根本没有看清他的正脸。我跟在他后面慢慢地走。到了一个巷子口，他慢悠悠地走了进去，我窃喜，原来他和我同路。

从那次偶遇以后，我发现无论在哪儿都能碰到正男，他有时一个人走，有时和几个男生一起。那几个男生很张扬的样子，一路上不停地嬉笑怒骂，也许是为了吸引女生的目光，但是正男很少有轻浮的动作，这让我对他更加有好感了。

有天放学，我和朋友大象一起走。大象不耐烦地埋怨道："前面几个男生真烦，不知道并排走会挡着别人吗！"我这才抬起头来，第一眼就看到了正男，我按捺住内心的激动，低声说道："唉，那个穿黄色棉袄的男生真的很有气质。"大象看了他一眼，不屑一顾，说："你瞎了眼吧！那男的我认识，高三（7）班。看见他的脸你就后悔了。"听了她的话我有点失望，不再说话。可是转念一想，就算他长得丑，那也是一个背影杀手啊！

我是个藏不住心思的女孩儿，还没过两天，和我玩得比较好的朋友都知道我对正男有好感了。闺密琴琴调侃道："没看出来你也有犯花痴的时候？我去帮你要他的QQ号吧。爱就大声说出来！"我笑而不语，只是把她的话当成玩笑话。像我这样的女孩儿，成绩一般，长得也不咋地，根本没有奢望和正男能有任何交集。

几天后的晚自习下课，我趴在座位上睡觉。听见琴琴喊我的名字，我睁开蒙眬的睡眼，琴琴走到我身边，塞给我一张纸条。她一脸坏笑，"帮你要到正男的QQ号了。"我瞬间清醒，赶紧摊开纸条。琴琴说："真丢脸，不知道的还以为是我对他有意思呢。"我搂着琴琴的肩膀，感激地说："琴琴你真好，我爱死你了！"琴琴一脸嫌弃地看着我，说："真搞不懂你喜欢他哪里，你是没看清他的正脸，脸上的痘痘，密密麻麻，多看一眼我都觉得恶心！刚才找他要QQ号码的时候，他居然还叫我给他介绍女朋友。"听完琴琴的话，我对他的好感瞬间降低了。

第二节晚自习下课，我和同桌聊得正开心，琴琴又匆匆地跑了进来，说："那个正男在外面，想见你一面。"听了琴琴的话，我第一反应就是躲到了桌子底下。她很无语，"你这是干吗啊？"又有几个同学在外面喊道："曼曼你快出来啊，有人下来看你了。"你以为我不想出去见正男一面吗？我长成这样，一定会把他吓跑的。我突然号啕大哭起来。大家都被我的举动给吓到了。我一边哭一边说："我不出去，你们让他走好吗？"大家安慰我："不见就不见，你别哭了啊！"

上课铃响了，大家都散了，这件事就在我的哭闹声中结束了。

几天以后的上午，正男又一次来访。我依旧是躲在桌子底下不肯出现。琴琴劝我出去见见他，“昨天晚上正男在QQ上对我说，他就是好奇你长啥样，没有别的意思。你就这样把人家晾在外面？”好奇？你不知道好奇害死猫吗！我这么丑，正男看见一定会笑话我的。

正男自讨没趣，就再也没有下楼来找过我。我却有种说不出的失落。唉，也罢，只要能远远地看着他直到他毕业，这样不就够了吗。

妈妈这个学期开始陪读，不到一个月，我们就开始互相嫌弃对方。我妈不给我买手机，平时都是拿她的手机听听音乐。上上网？没门！如果拿我妈的手机开通流量上网，被她知道一定会死得很惨。

有天中午，妈妈去厂里上班了。我玩着手机，不小心打开了WIFI，奇迹就在这时发生了，居然连上了无线网。信号满格！我打开浏览器，真的可以上网。哈哈，这里居然有免费WIFI让我玩。

我赶紧下载了一个QQ软件。成功登上QQ以后，我翻箱倒柜，终于把琴琴给我的那张纸条找到了。把正男的QQ号输入搜索栏中。点加为好友，可惜他不在线。



两天过去了，正男也没有主动问我到底是谁。

在路上，我又看到了正男，他把头发染成了酒红色。如果是别人，我一定会觉得像个小混混，可是看到正男这一头红发，我越看越觉得帅气。

回到家，我鼓起勇气，给正男发了一条消息：“酒红色的头发。”

一分钟不到，他就回复了：“呃，你看到了？”

我欣喜若狂，继续写道：“你知道我是谁吗？”

他发来我的名字，其中还有一个字打错了。

然后……他就没有再主动回复我了。碍于女孩的矜持，我也不再说什么，默默地退出了QQ。

后来，在路上，我依旧经常看到正男，他真的很喜欢穿黄色的衣服，天冷就穿黄色棉服加黄色卫衣，天气好的时候，棉服就脱了，只剩下一件黄色卫衣。这身装扮差不多持续了一个月。大象和我经常在路上拿这件事调侃正男。

那么耀眼的黄色，想不注意都难。

我终于还是厚着脸皮，给正男发了一条消息："为什么你总是穿着那件黄色的棉袄和卫衣啊？"

正男向我解释，他是美术生，开学前一直在外地集训。集训结束他就匆忙赶回学校上文化课。高三每次放假只有半天时间，所以一直没有时间回家拿衣服。可是，我明明看到每个周末的下午，他都会和几个小伙伴溜进网吧。

有天晚上，学校组织我们看电影，内容都是些索然无味的说教。同学在玩手机，我厚着脸皮问她借到了手机。

登上了QQ，几分钟以后，正男发来了一条消息。

"在干吗呢？"

"我们在看电影呢，真无聊。"

"哦，下了晚自习我送你回家吧。"

我激动得差点回他：好啊，就等你这句话了！但是理智告诉我，不能这样。

我说："那样不好吧，还是算了吧。"

正男也没再坚持，回了一句，"好吧。"

高三现在还在上晚自习，正男怎么会在玩手机呢？我又给他发了一条消息。

"都高三了，还是少玩点儿手机吧。"

过了很久，当我以为他不会回复的时候，他回了一句：

"嗯，我懂。"

同学有点不耐烦，催促我用快点，我只好依依不舍地下线了。

下了晚自习，我和大象一起走，大象一直在低头玩手机。她平时话很多，我感觉被冷落了。嘴里哼了几声。她这才抬起头对我说："哈哈，那个××真是傻。”

××就是正男。

我有点儿不高兴，问道：“你怎么有正男的QQ？”

“是他自己在附近好友里面加我的。”大象接着说，“我发现他废话特别多，刚才看电影的时候我们聊了一会儿。”我又问：“是他主动找你聊的吗？”大象点点头。

我不会告诉大象，每次聊天基本上都是我主动找正男，而且正男回消息特别慢。大象沉浸在手机世界里，黑暗中，她看不到我的脸，面如死灰。

周末，琴琴把她的自拍神器借我玩。我一个人躲在房间里嘟嘴卖萌。你知道为什么有些人爱自拍吗？长成那样，自己不拍难道还等着别人给你拍吗？我从三十张照片中选出了一张最满意的，经过美图以后上传到空间，不一会儿，正男在下面评论：这么晚了还不睡，晚安。

看了正男的评论，我也就不再计较之前的事了。折腾了这么久，我还真有点累。晚安，亲爱的正男。



认识正男以后，我变得十分注重形象。不是有这样一句话吗，女为悦己者容。为了正男，我也要来个丑女大翻身！

我开始在淘宝上疯狂买衣服。像我们这样的穷学生，只能在淘宝上买一些爆款，什么亏本甩卖月销三万件……九块九包邮之类的。有时候好不容易买到一件满意的衣服，偏偏就和学校里其他女生撞衫了，其实撞衫并不可怕，可怕的是她们都穿得比你好看。

唯一一次买的最贵的是一件棒球服，五百多。那件棒球服有两种颜色，红色和黄色。我问琴琴我穿黄色怎么样，她看着我，说：“说真的你穿黄色不好看，还是买红色吧。”我却不以为然：“我还是觉得黄色好看。”琴琴笑着说：“黄色就黄色，就你那点儿小心思，别以为我不知道啊。”

是琴琴帮我拿的快递，拆开包裹，果然一分钱一分货，我很满意。可是穿在我身上却有一种说不出来的难看，我勉强穿了一次，就借给琴琴穿了。琴琴一米六八的个子，穿上这件棒球服显得格外活泼。

那段时间，我把所有的精力都花在打扮上面。我妈好像察觉到了什么，她多次提醒我："我发现你最近很注重外表，你把太多心思花在这上面，是会影响学习的！"

我妈说得对，认识正男以后，我变得过于紧张，喜怒无常，每天上课都在神游，偷偷对着镜子笑个不停。这会影响到什么，我比谁都清楚。

周末，正男几次在QQ上邀我出去玩，我都以家人不同意外出为由拒绝了。

"这个小地方有啥好玩的？"

"两个人在一起，不就好玩了。"

正男发来的消息让我心花怒放。我何尝不想见见他，谁让我那么自卑呢。大象曾经笑话我："你这人真是奇怪，喜欢人家，又躲得远远地怕别人认出你自己。"

如果有一天，正男真的认出我了。也许我会拿块木棍把他打晕，然后……他失忆了，那样他就又不认得我了。



正男看过我的照片，我还以为他认得我，可是和他聊天时他却说在路上从来没看到过我。难道我真就长得那么像路人甲？明明每天放学我都在他身旁经过，看着他的背影流口水。

临近期中考试，几次考试成绩都不是特别理想，班主任找我谈话："本来我觉得你有机会冲刺二本，可看看你现在的成绩，再这样发展下去本科都成问题！你自己看着办吧！"

我以为自己会一直这么沦陷下去。

放学路上又看到正男了，他今天穿着一件黄色针织开衫，真的好有气质，文艺范儿十足。唉，正男已经有一个多星期没主动找我聊天了。现在学习这么紧张，他应该是没时间再上网了吧？我在心里安慰自己。



正男走到了前面，大象看到我那副花痴模样说："正男在QQ上和我说他喜欢上了……6班的瑶瑶。”我停下了脚步，看着大象。大象犹豫了很久，继续说道：“还有一件事，我不知道该不该说，说出来你一定会生气的！”

呵，还有什么我不知道的，全部说出来吧，反正都已经这么丢脸了。

“我在阿彤的手机上看到她和正男的聊天记录了，你知道他说什么吗？他说就你长成这样还好意思喜欢他……他自己一副矬样，居然还敢嫌弃别人。真是丑人多做怪！”阿彤也是我们班的，至于她和正男是怎么认识的，现在我也没兴趣再去过问。

这个时候我是不是应该大哭一场？我使劲眨眨眼睛，发现根本就流不出一滴泪水。我挽着大象的手，尽量让自己表现出无所谓的样子，“不管怎么样还是谢谢你，让我看清了正男的真实模样，我现在断了所有的念想，真的。”到家了，我和大象挥手告别。

说不在乎说不伤心那是骗人的，毕竟是我高中时期第一次喜欢的人，可惜我运气不佳，偏偏就碰上一个大家口中的渣男。

回到家，我登上QQ。打开我和正男的聊天记录。最近的一次聊天是在一个星期以前。我一直以为我和正男的相遇是一段偶像剧，可是现实告诉我，生活不是偶像剧，一切都不过是我的一厢情愿罢了。我删除了正男的QQ。不是有这么一句名言吗？珍爱生命，远离渣男。

删除了正男后，我和他的交集几乎为零。只是偶尔听别人说正男一直对6班的瑶瑶穷追不舍。呵呵，一切与我无关。我开始忙着备战期中考试，浑浑噩噩地度过了这两个月，是时候觉悟了。我甚至想感谢正男，他的那句话像一记巴掌扇在我脸上，让我断了所有不切实际的念头。

说来也怪，从那以后，我家附近的免费WIFI突然神秘消失了……

# 冬天的秘密

谢雨柯

徐妍夏塞着耳机，坐在桌子上听歌，两条腿随意地搭在凳子上。

早在开学之前学校就给各个年级各个班都排好了座位，其他同学这时都来齐了，除了徐妍夏的新同桌。

预备铃响了。看来我这个新同桌有点儿麻烦。徐妍夏摇摇头想，开学第一天就迟到，以后我可能还得天天帮TA喊“到”。

过了一会儿，老师和新同桌几乎是同一时间进来的。老师一眼看到她，大喝一声：“徐妍夏！你干什么呢，给我下来！”呵，又是老赵当班主任。

徐妍夏毫不在意地吹了声口哨，把自己刚刚踩得有些脏的凳子和身旁的换了位置，这才摘下耳机坐下来。

新同桌是个看上去娇小乖巧的女生，见她这样，却也没有像她想象中那样露出胆怯之色，只是有些好奇地看着她。自己的凳子被换成脏的，也不生气，从衣兜里掏出手帕擦擦，然后坐下来，对徐妍夏礼貌地微笑了一下。还挺温和嘛，徐妍夏想。

老赵走上讲台开始发表开学必讲的长篇大论，趁他不注意徐妍夏又塞上了耳机。

“你在听什么歌啊？”身旁的女生突然问。

徐妍夏转过头看她：“《冬天的秘密》。”

女生愣了一下："真巧，我的名字正好叫赵冬天呢。不过我没听过这首歌。"

"有空听听吧，挺好听的。"徐妍夏冲她眨眨眼睛，"那么按这歌名，冬天，你有什么秘密没？"

"没啊……"赵冬天想了会儿问道："你是叫徐妍夏吗？真好听。"

徐妍夏嫌弃地撇撇嘴："哪里好听啊，我妈说给我起这名就是'美丽的夏天'的意思。要多土有多土！"

"比我的好啦。我爸给我起这个名字只是因为我出生在冬天而已，特别随便。哪像我姐姐的名字那么好听……"赵冬天突然不说了。

"哎哎，你姐姐叫什么啊？"徐妍夏追问。

"别在意这些细节啦……话说你很喜欢听歌吗？"

"嗯，还好啦。"

"我听别人说用塞耳式耳机对耳朵不好，以后换包耳式耳机吧，音质好还保护耳朵。"



"不用吧……上课用包耳式耳机听，我怕老赵会杀了我。"

"原来你也会怕啊。"赵冬天笑笑，"所以上课就不该听歌啊。"

"什么嘛，原来你说这么多只是为了教育我……"

"其实你不是真的非要上课听歌对吧？"赵冬天突然说，"你是想表现出叛逆的样子吸引某些人的注意吧。"

徐妍夏一愣，"你在说什么啊。"

"你耳机的音量调得很小很小吧，不然我一开始跟你说话你怎么会听得见呢。"

"你观察还挺仔细啊。"徐妍夏叹口气，"可就算显得再怎么不听话，他们也不会在意啊。他们在意的只有股市、楼盘，涨了喝酒庆祝、跌了不断吵架。我想要的只是简单温馨的生活而已，他们说炒股炒楼是为了赚钱让我过上好生活，可我感觉他们根本就不怎么在乎我。"

徐妍夏所说的他们当然是指她的父母。

赵冬天沉默了一会儿说："认真听讲吧。既然叛逆没用，何不用努力取得的好成绩让他们震惊？"

"我没必要为他们读书，两年来我们几乎没有交流。我对他们早都没什么感情了。"

"你要为你自己读书。"赵冬天说完这句话就不作声了。

第二天一早，徐妍夏在抽屉里看到了一张纸，上面写着：

妍夏，昨天你问我有没有秘密，我犹豫着该不该跟你说。现在我告诉你我的秘密：

1. 我昨天回答你我没有秘密是假的； 2. 我的姐姐叫赵枝晴，比我们大一岁，是她们年级的级花，她因为嫌我丢脸在学校从来不告诉大家我们是姐妹；3. 赵老师是我的爸爸，我成绩很差，他也从来不跟别人承认我是他的女儿。

我特别羡慕你。因为开学前看座位表时我爸爸跟我说了你的情况，他说你头脑挺聪明智商也挺高的，就是不用心学习。那时我感觉对你羡慕又嫉妒。凭什么上天那么厚待你，你却不会好好珍惜呢？我是那种天生的不聪明，做过智力测试，被鉴定为先天性发育迟缓。这就意味着我无论多努力也无法学得非常好了，我为此曾无数次地绝望过。我希望你能好好学习，真的，不要浪费天赋。还有其实你的名字挺好听的，美丽的夏天。

徐妍夏眼睛有些湿。不用猜，她也知道这是谁写的。

# 万万没想到

马不腾

化学老师说："有机化学是我最喜欢的，高考考得很容易。"我深以为然，结果化学成绩取得了史无前例的33分。想当年高一文科还需要填解答题的时候，政治考了44分，本以为是破天荒的最后一次，却忘记生活本是不含规律的函数图，常常险峰突起，然后超越极限。



下降，再降。

能够一直如履薄冰地站在前方，靠的是实力与运气，被摔下来只能等待学渣逆袭。

以前总是怨主科不给力，最后好了，主科上来，理科一不小心废掉了，真是拆完东墙补西墙。

最放心的往往才是最需要担心的。

成学霸是日积月累的事，成渣却只需要一场考试。

多么痛的领悟!

从其他学校转来的新同桌总是爱叫我学霸，虽然不敢承认，但心中还是颇为受用。

他一直在说他介于学民与学渣之间，结果考试试卷一发下来，那一个前后反差顿时让人觉得滚吧学民学渣，学霸一边玩儿去。这感觉就好像你斗地主时好不容易得到一副好牌，结果恶狠狠地抢完地主之后发现，加上三张保底牌，好牌成了不折不扣的烂牌。

这憋屈、这悲愁、这辛酸哀苦，顿时如一江春水向东流。

班里那位从八百多名上升到一百多名再到八百名的甲同学，再度发挥“学霸”本质——语文强势逆袭，分数几乎最高。结果刚下课就被语文老师叫了出去。语文老师深深地看了他一眼之后，拿出一张空白卷对他说：“来，大题再做一次。”

……

最后的结局是，语文试卷零分。

理由：怀疑抄答案。

甲同学顿时整个人就不好了。

化学拿了33分的时候，我告诉了一（3）班的同学，结果快要上课的时候他对我说：“等等。”

我问：“干什么？”

他特别贱地说：“没有，你待会再进入，让我再多笑一会儿。哈哈哈……”

结果下课之后他跑过来哭丧着脸对我说：“你化学考33分，我生物才考34分。”



当真是风水轮流转，我不转你转。

永远不要高兴得太早，因为那只是不高兴还没到。

哦，多么痛的领悟！

人和人有什么区别？

记得刚考完试出来的时候听到旁边有人在说：“我就不信我全不挂科。”

现在想想真是泪流满面，别人是在数自己哪科挂科，自己却是在数哪科不挂科。

老姐问我化学怎么考得这么低时，我淡定地回答道：“这次化学普遍都很低，只不过我是比普遍更加普遍低了一点而已。”

姐：“去死！”

唉，不如意事常八九。我们经常要顶住外界的压力。这不，本来体重不达标的我称了一下，发现重了几斤，可为什么一点都看不出，敢情全长压力了。

甲同学最后语文还是没有变成零分，相似并不能作为抄袭的证据，最后“守得云开见月明”，正名成功，成绩哧呼呼地就蹬了上去，一把顶掉了同桌。

下铺一副只要学不死就往死里学的模样，经过一路坎坷曲折之后终于超越了我。

在接二连三地被人逆袭之后，我忽然悲切地认清了一个事实：原来我总是被人逆袭是因为我不是学渣。

顿时觉得自己的形象孤高伟大起来，但下一秒就萎了。只因想法固然单纯美丽，现实却是残忍冷酷。如果我仍想力争上游，那么我还是要挥汗如雨地一路狂奔，拉都不要拉回。

哦！多么痛的领悟！

我以为我将要因这次考试而一直带着淡淡的忧伤，结果在第二天晚上，那好不容易保持了下来的顾影自怜终于摧毁在欢乐斗地主的铁蹄之下。



疯玩了一个晚上的斗地主之后，我开始思考现实问题——我到底应不应该去多申请几个小号来满足一下我入不敷出的豆豆需求？

童话的结局大多只是童话的专属，但生活在现世的人总会有对童话的追求。

痛苦与不快只是暂时的，当你忍受着游过去之后，在彼岸等待着你的，会是咸湿的海风与回首时湛蓝的海面，当然，在前面等待着你的也许会是偷渡被抓。

# 温柔只给意中人

铁盒子里满满都是你的照片，你送我的手写情书。你的深情似已成为我生命里最不可承受之重。

你成功地考进了我们想去的那所大学，只要有空儿就会回来看我，教我写题。阳光舒朗的午后，你会拍拍我的头，笑着说今年就看你的了。

我一直没有告诉你，二模的成绩出来了，我考得很好，不出偏差，是可以够上分数线的。

我会很努力很努力，像你是我的骄傲般，让我成为你的骄傲好不好？

# 温柔只给意中人

苏 意

2017年，我在一中读高三，没有遇见谁。

每天陪伴我的只有满天飞的卷子与辅导书、老师喷洒的口水，及家长殷切的目光。

老师认真地在讲课，我假装认真地在听课。偶尔目之所及会瞥到前桌男孩干净的白色毛衣，内心忽然就柔软得一塌糊涂。嗯，我又想起你了。

2014年，我读初三，云淡风轻，遇见了你。

万恶的体育中考，我们到你的学校去考。跑完八百米后，我站在芒果树下喘气，你递了一瓶水给我："喜欢水吗？"

我的第一反应是什么呢，是你长得真好看呀，竟然能将黑白条纹的校服穿得潇洒又帅气。

我迫不及待地拧开瓶盖，狠狠点头。你吊儿郎当地将手枕在后脑勺儿，望着满天的白云，露齿一笑："恭喜你，你已经喜欢上72%的我了。"

"啪嗒"一声，手里的矿泉水摔落在地，还未来得及咽下去的水从嘴里喷出，有风吹过，我头发飞散，状若女鬼。

那年春天，春回大地，草长莺飞，我好像和你谈了一场恋爱。

一个周六的傍晚，我们前往几公里外的江边看烟火表演。一簇一簇的烟火持续上升、绽放，像黑夜里最嚣张的精灵。

我看烟火，你看我。轻轻念了一首诗——

锦瑟无端五十弦，一弦一柱思华年。
庄生晓梦迷蝴蝶，望帝春心托杜鹃。
沧海月明珠有泪，蓝田日暖玉生烟。
此情可待成追忆，只是当时已惘然。

我笑你傻气，心里却香醇如蜜。这是我最喜欢的诗——《锦瑟》。你说，你喜欢的，我都会试着去喜欢。

可是我何德何能。

2015年夏天，这座小城进入了梅雨期。我成功考进你的学校，成为一名新生。

你的爸妈都是大学教授，在我看来，你无疑承接了他们的所有优点，而理科则一直是你引以为傲的。你身材修长，眉眼含笑，在台上给我们做演讲，站那儿便是一道秀丽风景。

我的脑子一片空白，像得了失语症，什么都说不出来。

你悄悄隔着人群朝我笑了笑，那笑容，让我的心突然就安定了。

外面有雨停了，阳光透过云层照进来，轰轰烈烈，晒得人睁不开眼，晒得人脸上发烫。



高二与高考直接挂钩。面对父母渐生的白发，满含期望的苍老眼眸，我真的无法心安理得面对节节败退的成绩，直视我们那并不光明的恋情。

我退缩了，迟疑了。

午后你从楼上跑下来，衣袖挽至小臂，气还没喘定，站在我桌前一本正经地说出一个大学的名字：“一起能行吗？”

我一怔，半晌才反应过来，心虚地低下头：“努力了肯定行啊。”

你闻言，几乎是瞬间，又跑回班级开始奋笔疾书。

我望着你白杨般挺拔的背影放松地笑笑，少年，我们一起努力呀。

年末，你过生日，请了一大群同学去KTV，当然，没有我。

闺密说，那晚有女孩儿向你表白，你不动声色地拒绝了。

你唱了王菲的《红豆》，闺密录下来给我看，我盯着你好看的身躯，俊俏的侧脸，终于泣不成声。

这时因为各自的学业，我们已经很久没有见面了。即使在一个学校，最近的距离也只是远远地挥挥手。

我们的上一次见面，还是几天前的傍晚，你去打球，将外衣扔给我保管，我玩着你的手机，悄悄把对你有意思的女孩的QQ删除。

我知道你肯定不会怪我。

有点儿侥幸，还有点儿雀跃。

思念如马，自别离，未停蹄。

隔天点开空间，看见你发的动态：温柔只给意中人。

底下评论如潮，你极有耐心地一一回复，可又压根儿什么也没透露。谢谢你少年，在这关键的时期护我周全。

我在这边笑得合不拢嘴，默默送上一个赞，便关闭了空间。



在这时我是真的看见了我们迷茫又清晰的未来。

老师的粉笔扔在我的脑门上，我从回忆里回过神儿来。

满满一教室的同学都在埋头苦抄，奋笔疾书。嘿，你知道吗？不知道为什么，我总感觉大家很陌生。晓得了，就算见到也只是点头微笑然后擦肩而过，一下课全部趴在桌子上睡觉的同学，你能要求有多熟？

铁盒子里满满都是你的照片，你送我的手写情书。你的深情似已成为我生命里最不可承受之重。

你成功地考进了我们想去的那所大学，只要有空儿就会回来看我，教我写题。阳光舒朗的午后，你会拍拍我的头，笑着说今年就看你的了。

我一直没有告诉你，二模的成绩出来了，我考得很好，不出偏差，是可以够上分数线的。

日历上的数字一点点在逼近，我会很努力很努力，像你是我的骄傲般，让我成为你的骄傲好不好？

# 我们再玩一次捉迷藏

森 染

印象中一身中山装是你出门时穿得最体面的衣裳，看着我时也精神了不少，然后你会讲很多话，脸上带着激动的神情，目光开始投向远方，很远很远的地方，里面有我看不懂的东西。

但是没关系啊，你开心就好，快乐才是正经事儿呢爷爷。

你总是把自己收拾得干干净净，腰杆挺得笔直，一身清冷气息。同学来家里了和你打完招呼后悄悄和我说，你爷爷和我爷爷怎么不一样？看上去好有学识的样子哦。我无奈地笑笑，就是不爱讲话了点儿。

小时候我很喜欢玩捉迷藏，你时常与我玩这个游戏，可我总是找不到你。有一次我气急了直接坐在地上边哭边耍赖，你看着我哭笑不得，蹲在我身旁说，做什么事情都不能轻易放弃，找不到就继续找，总有找得到的时候对不对？我抽着鼻子似懂非懂地点点头。奶奶在一旁哈哈大笑地说，你爷爷在和你讲大道理呢！

我长大后，和家里人的话就少了。我生性淡漠，你大约也是如此，以至于我在老家上初中的那三年，我们一个月说的话用手指头都数得过来。

到海口上高中后，我一年也就回去那么两三次了，每一次回去你都会塞钱给我，虽不多，却是你的心意。

然而这时候的你已是年过八旬的老人了。

爸爸时常和我念叨叫我多回去看看你们，和你们聊聊天。我心里也记挂着，可是回去了也不知道聊什么。你更是比我还缄默，我们常常相对无言。后来想回去的这份心思也就淡了。

直到有一次我无意间发现你竟连半桶水都提得十分吃力了，手背一条条青筋突起，额际带着些许冷汗，嘴唇开始发白，甚至提完后双手都在颤抖。我心里难受起来，爷爷真的老了……

爸爸打我小时候就说我是个没心没肺的孩子，我还不承认，心里自认为我多爱你们啊，可是我忘了，爱不是嘴上说说而已。

我说我爱爷爷，可是我明明能够在周末的时候多回去看看你们的，却选择了去和朋友玩耍；我说爷爷不爱讲话，那我可以多讲点儿啊，话题不多可以凑啊，这么简单的事情我之前为什么会觉得难？我到底给自己找了多少借口？这就是我所谓的爱，连个问候都吝啬给！

我总是觉得你会一直在那里，在那个地方看着我们长大、结婚生子，然后儿孙满堂。可是我忘了，你会越来越老，最后可能路也走不动，话也说不清楚。

我开始感到难过，爷爷，对不起。

你走得慢一点行吗？我以后要和你讲很多很多的话，我还要和你分享我的生活，我的梦想，你可不要嫌我烦哦。还有，我还想陪你去看一次你最爱的琼戏，我一定会耐心地看完，然后听你讲大道理。

你知道吗，我最喜欢看你眯起眼睛笑的样子，可帅了！

有一次我在公交车上看见一位老爷爷独自上车，车子颠簸了一下，旧汗衫里佝偻的身体也跟着微微颤抖，一双苍老泛白的手紧紧地抓着护栏踉跄地挪到座位上。许是我盯着他看太久，他坐好后向我投来善意的目光。我的眼眶盈满泪水，深深地吸了口气后微笑着点头，然后难过地转头看向窗外。

我想起了我的爷爷，那个总是不爱讲话的爷爷，一讲话就是大道理的爷爷，那个陪我玩捉迷藏的爷爷……

你生病了，开始频繁咳嗽，脸色越来越苍白，身体越来越脆弱。医生在讲什么我不想听，爷爷你快点儿好起来，我们再玩一次捉迷藏，这次我一定找到你，好不好？

# 让我抱紧你

zzy 阿狸

## 1

小时候我沉迷于超人与小怪兽，张口闭口都是世界和平，每到生日许愿的时候番姐总会抢先替我许愿。她把心愿许得无限大，希望我身体健康学业进步快快长大，阖家幸福财源滚滚六畜兴旺万事胜意。

在一旁听得瞠目结舌的我问她：“我们一次性许那么多愿望，老天爷会不会生气？”番姐瞪我一眼后双手合十：“老天爷有怪莫怪，童言无忌！”

这就是番姐。

方圆几里的人都知道，江湖人称番姐的罗女士就是我老妈。

## 2

我念幼儿园的时候，因为投资理石厂失败，家里把所有的积蓄都赔光了。那段时间江叔（我爸）经常晚归，回家就和番姐吵架，有时两人甚至还动手打起来。有一次我忍不住冲出去护着番姐，江叔便打得更狠。我记不清拳头是落在我还是她的身上，我只记得我们抱在一起痛哭。江叔摔门而出，番姐顾不及身上的淤青，慌慌张张地检查我有没有被打伤，我却抽抽嗒嗒地反过来安慰她："妈，不哭不哭，我不疼。"

她把我抱得更紧了。

后来她命令我下次不许再出来帮忙，不然再也不理我。于是此后的日日夜夜，每当他们在客厅争吵打架的时候，我就躲在门后小声地哭。

那是我人生里为数不多悲伤得快要窒息的时刻，往后想起，胸口还是会一阵阵剧痛。我答应自己，这辈子都不能再让其他人伤害她。

有一个夜晚我起床上厕所，看见番姐正拉着行李箱往外走，我上前扯着她的衣角问她要去哪儿。她说要去外面打工，赚钱买好多好多的零食给我和弟弟吃。我兴奋地和她拉钩儿让她早日回来，她轻轻地嗯了一声后，站在门口回头望了我好几眼。我催促她赶紧走，还嘱托她别忘了带棒棒糖回来。

自那以后，我盼星星盼月亮也没把她盼回来。我着急地问所有人我妈去哪儿了，我不要棒棒糖不要零食什么都不要，我只要她。但没有人能给我一个明确的答案，我仿佛成了这美丽世界的孤儿。



后来我才知道她去了陶瓷厂做女工，还给小餐馆洗碗，最后放心不下我们几个小孩子还是回来了。过度劳累的她得了一场大病。我记得她回来的那个晚上躺在床上，怎么也唤不醒。江叔和我跪在地上痛哭流涕，江叔哭得全身发抖，我哭得声嘶力竭。

那是这辈子我第一次看见他哭。

番姐病好后搬来和我一起睡，那是我度过的最漫长的暑假。每一个晚上我都不敢睡去，直勾勾地望着躺在身旁的她，每当犯困就一个激灵醒过来，直到天亮才敢沉沉睡去。

我怕她会像上次那样离家出走，我怕一觉醒来她会离开我。

## 3

番姐曾在我的生命里缺席。

那时候我才念一年级，在表姐家寄宿了两年。表姐是小学教师，学校给她分配了两间很小的房，她在客厅里摆了一张床给我睡。每天早上我第一个到教室打开窗户整理讲台，中午在闷热的教室里午睡，下午绕着操场散步，晚上洗干净锅碗瓢盆才敢睡觉。

没有电视没有游戏机，课文背完了就默写，日复一日。

两年来唯一的盼头是星期三，因为每到这天番姐都会来接我回家，次日早上再送我回学校。我喜欢坐在她的摩托车后座上，把嘴张开，让迎面而来的风把身体灌得满满当当的。

那一刻我觉得自己是世界上最富有的人。

闭上眼看，最后的那颗夕阳，美得像一个遗憾。

念三年级的时候，江叔一口气租下了村里的几亩地种枸杞，还雇了几个女工，忙得昏天黑地。挑粪浇水除草松土，什么活儿我都干过。但最辛苦的是番姐和江叔，他们常常半夜起床修剪枸杞叶，然后各自开着一辆摩托车，摇摇晃晃地拉着新鲜的菜开往县城。发动机轰隆隆的声音总会把我叫醒，在那么多个孤独漆黑的夜里，我一遍遍告诉自己别担心，一切都会好起来的。

那是家里最困难的时候，也是我最开心的时候。日子难过大家就一起咬紧牙关熬过去，不嫌脏不怕累，埋头苦干向前冲。

因为几颗滚烫的心始终紧紧地靠在一起，这比什么都重要。

## 4

小升初考试前，我问番姐："妈，你说我能考上县城的重点中学不？”她点头如捣蒜，“为啥不能？你要是能考上，我把私房钱掏出来给你买手机换电脑！”

在物质的诱惑下我奋发图强，最后很幸运地考上了。

她高兴得合不拢嘴，从邮递员手里替我接过录取通知书时表情庄重严肃得像在接圣旨。最后我舍不得让她花钱给我添置手机和电脑，她固执地说这钱非花不可，后来我提议说要不去一趟广州吧。

那是我们第一次去广州，那一年我十三岁，她四十二岁。从踏上这片土地的第一步开始，我们丝毫没有吝啬表达对这个世界的赞叹与喜欢。

原来这个花花世界要比电视里的精彩得多，形形色色的高楼大厦比县城里的商业中心更让人震撼，但最重大的发现是消费水平居然可以这么高。在这里一毛钱买不到辣条，随便找个酒店住一晚的价格贵得吓人。

那是我第一次萌发以后要赚很多很多钱的念头，我不要豪车洋房，我只想让她过上体面的生活。



高三误打误撞进了重点班，番姐问我准备好了没，我轻蔑地一笑而过。

其实我并没有准备好，但我怕一开口会让她识破我拙劣的演技。

高三苦不苦？苦！累不累？累！那时候才明白，生活从来不是等你准备好了才向你放大招，但只要血槽还没空，就应该站起来挥舞着拳头再战一局。

番姐走起了温情路线，每个周日下午都给我送汤，看我喝了个精光才心满意足地回家。她总会试探地问我压力大不大，要是扛不住了咱们去普通班读，高考算啥，就算考不好，家里也能养活我。我一脸春风得意地说：干吗要换班？你儿子在重点班混得风生水起。

我怎么会让她知道，每次被成绩打击得体无完肤的时候，我总是一个人躲在厕所里哽咽。

每当别人家的父母和她谈论各自小孩儿的学习情况，她总是一脸的淡定，她说有啥好担心的，我家儿子肯定考得上重本好吗？

后来我辗转从邻居的口中得知，高考那两天，我喝的汤是她特意找镇上最好的厨师炖的，她还大老远地去为我祈福，毕恭毕敬地在家上了好几次香。她知道我性子犟，嘴上说着不在乎可心里比谁都紧张，她怕我承受不了打击，便做着些她力所能及的事情，虔诚地祈求我旗开得胜，金榜题名。而这些她从不会主动提起，仿佛只是一件稀松平常的小事。

## 5

大学新生报到的那天，番姐和大头小姐陪我一块去。当我在宿舍里累死累活地搞卫生的时候，她和我姐翘着二郎腿聊家常。我一脸怀疑人生地望着她们说："请问，你们来的意义是什么？"

她愣了愣："我就是来看看，你到底长大了没。"

我"嗯"了一声后迅速别过脸，心里忽然难受得厉害，眼泪在眼眶里不断地打转。

我终于长大了，却是用一种极其残忍的方式和岁月神偷作交换。

上个月，番姐在鼓捣屋旁的菜地时不小心中暑，一直高烧不退。那时候我正准备着期末考，她还藏着掖着不让我知道。我姐看不下去打电话骂我没良心，骂着骂着我们都哭了。

哭什么哭，谁哭谁是小狗。

我姐火急火燎地带她去广州的三甲医院做检查，我们几个小孩儿天天抽空儿陪着她等结果。江叔在家也不好过，没一晚上睡得着。

结果出院的那天，得知她身体并无大碍，全家开心得像中了彩票。

因为她能平安无事就是我们最幸福的事。

医生说她得多运动，我便给她买了唱戏机，方便她在家做保健操活动筋骨。以前她对这类活动极其不屑，最后还是乖乖就范。

她不再锋芒毕露，开始计算着每一顿吃什么才健康，饭后一本正经地量血压，保健操的每一个动作规范得媲美领操员，偶尔会有小脾气，聊起家常来滔滔不绝，她年轻时所有的锋芒与灵性被熨帖在时光的抽屉里，了无影踪。

你看，她多不完美。

就是因为有这么一个不完美的她，才有了这么一个不完美的我。

但我比谁都爱她的不完美。

6

作为一个普通的妇女，番姐一直督促我努力读书，不图我出人头地飞黄腾达，只盼我大学毕业后能回家在附近的邮政局工作。但计划总赶不上变化，当我还在高中寒窗苦读的时候，那家邮政局因为业绩不好关门大吉了。从那以后她再也没提这件事。

无论如何，我知道前路凶险，黑夜还很漫长，未来有太多的变数，没谁能告诉我路在何方。但身后只要有温柔的她，我便所向披靡，无畏无惧。

以后的生日愿望让我来许吧，希望我身体健康学业进步快快长大，番姐身体健康青春靓丽，阖家幸福财源滚滚六畜兴旺万事胜意。

一次性许那么多愿望，不知道老天爷会不会生气。如果觉得我太贪心，那请你保佑她平安喜乐就好。

番姐，让我留在你身边，让我抱抱你，让我抱紧你。

# 那白衣飘飘的年代

诗弥莉

“当秋风停在了你的发梢，在红红的夕阳肩上。你注视着树叶清晰的脉搏，她翩翩地应声而落。”

小桐十四岁那年，正是初二，喜欢穿白色的连衣裙，如花季的年龄，以一种滴水的清纯呼应着这个初现斑斓的世界。她吊着学生时代最简单写意的马尾，穿着刷得干干净净会在太阳下面反出好看的光的帆布鞋，背浅蓝色的双肩运动背包，当然也会在放学的时候悄悄看一眼篮球场上那些奔跑着的洒着汗水的男同学。

小桐是年级前三名的好学生，好学生的世界“早恋”是个满含贬义的字眼，十四岁的世界是强调友谊和成绩的年龄，唯独“爱情”这个词晦涩得让人好奇却又不敢碰触。

开学第一次月考过后，已经入秋。那时候班里有个传统，每次月考之后班主任就会按成绩重新排一次座位，座位是自己挑，顺序是班级前三名先选，然后是班级名次靠前的同学和名次进步大的同学相间着选。

小桐是第二个挑选位置的同学，她选了一个靠窗第二排的位置坐下了，这里可以看看外面渐红或者渐黄的树叶，也是一个听课时不错的位置。

小桐游走的思绪是被班主任富有穿透力的尖嗓音拉回的。

“喂，卓著，你还往哪里选，齐小桐旁边不是还没有人呢吗？稍微进步大了一些又想往后面坐，休想，你就给我坐在第二排，平时要多向齐小桐学习……”班主任一边用手扶着眼镜架，一边尖声絮叨。

卓著回头看了一眼班主任，这次考试，他的名次由班里的四十名跨到了二十八名，算是进步很大的同学，所以可以优先选位置，但他向来喜欢坐在班里的后面，可这次班主任偏偏出来阻拦，估计是昨晚老爸打电话给班主任让帮忙“监督”的连锁反应吧。卓著的眉头好像微微皱了一下，退回来坐到了小桐旁边的空位置上，趴在桌子上把头埋在了胳膊里。

小桐仔细打量了一下身边的这个男生，看着他的头发在窗子里射进来的阳光下映出的泛红的轻狂，感觉心里好像空跳了一下。

小桐突然有些顽皮，在卓著的头周围用好多支笔摆成了太阳的光芒。卓著忽然从桌子上抬起头来，假装怒视着小桐，小桐就笑了。多年以后回头想，她开始喜欢上他，大概就是从那个时候开始的。没有什么理由，没有什么预示，仅仅是那天他带着淡淡的洗衣粉香气坐在了她身边，又恰好染着有些坏坏的阳光红的头发……



“那早谢的花开在泥土下面，等潇潇的雨洒满天。每一次你仰起慌张的脸，看云起云落变迁。”

小桐依旧喜欢穿白色的衣服，就仿佛是年少时岁月特有的主旋律一般。但她好像也渐渐喜欢打扮起自己来，每天上学的心情也莫名的好。

卓著的书包里总是放着厚厚的汽车杂志，他会经常指给小桐看他喜欢的车型。有时候上课，两个人经常一起溜号，卓著就给小桐讲他骑摩托车和别人飙车的事情。

在小桐的世界里，卓著和好学生是不沾边的。比如他说将来要做一名赛车手，就算意外英年早逝了也比这样平平淡淡地过日子好；比如他放学了就会去校门口的小卖部，和好多男生聚在那里吸烟；再比如就算班主任三令五申地说男生头发要短，不能染颜色，他也要打个擦边球让头发尽量长些、染上阳光红，然后每天早上沾着水给头发做出好看的造型。

莫名地，小桐开始纠结自己别什么发卡好看，穿哪件白裙子更漂亮。她甚至在美甲店做了简单的指甲，就为了问卓著一句：“你说我指甲这样好不好看？”“你说我的这个手链能不能配这身衣服？”……

有一次，卓著有些坏坏地说：“你什么都问我，是不是把我当老公啦？”说完，两个人都有点脸红，就都不说话了。那之后，小桐没再刻意地问过卓著这方面的问题，但还是不由自主地想让他知道。

小桐和卓著的桌堂隔板上面有一个小洞，刚好伸过一只手的大小，小桐就经常假装在自己的桌堂里找东西，把卓著桌堂里的卷子、书全都偷偷拿过来，然后看着找不到东西的卓著呵呵地笑。

有一次，小桐故伎重演，但却不小心被卓著发现了，于是卓著在隔板的另一边抢救自己的书，小桐伸手往回拿，两个人的手指头就莫名其妙地隔着隔板勾在了一起。那次两个人都没有说话，就那样勾了很久，然后又如梦初醒地红着脸放开。

晚上放学，卓著收拾书包时问了小桐一句：“晚上能出来玩吗？我去接你。”

“啊？我出不来，我妈不让……”

“哦，没关系……”

卓著将书包甩在肩上，哼着歌走出了教室。小桐看着他的背影，就好像胸腔里有颗小火苗一样，有些快乐，也有些淡淡的惆怅。

年少的喜欢就是这样模模糊糊的美好，欣喜地每天上学去，然后坐在那个少年身边，然后每一堂课都可以特别有意思。

“你沉默倾听着那一声驼铃，像一封古老的信。冬等不到春春等不到秋，等不到白首。”

初二的日子就一直这样寂静欢喜地度过，直到有一天晚上放学，卓著特别郑重地向小桐说了一声“再见”，第二天就没有再来上学。

那天早上小桐穿着新买的白色羽绒服来到学校，卓著的书包就放在桌子上。小桐帮卓著把书包挂在桌子边的挂钩上，就开始专心等卓著出现在教室里。

可是，直到上课，卓著都没有来。下课了，卓著还没有来。直到班主任把小桐找到了办公室，卓著依旧没有来。

"我们刚刚联系了卓著的家长，他家长说卓著一早就背着书包出门了。可是他把书包放到班里，人就不见了，我们初步觉得他是离家出走，你和他是同桌，他最近有没有什么异常……"班主任的嘴一张一合地向齐小桐叙述着这次找她来办公室的原因，小桐却有些傻了。

小桐的眼里，卓著的异常是再平常不过的事情，比如他前一阵子神秘地对她说："齐小桐，我有一个兄弟向我介绍了一个黑社会，在另一座城市，我觉得那才是我想要的生活。"

"那你去了做什么啊？"小桐笑着问。在她看来，这只不过是卓著异想天开的玩笑，是荒诞不经的天方夜谭。

"应该是从小弟做起吧，一点点做，先去充个人头。"

"好啊，那你一定要记得联系我。"



可是现在，这么一个大活人就真的离家出走了，而理由却太过牵强。

"我不清楚，他没有什么不对劲啊。"齐小桐向班主任撒了谎，"他只是一直不太喜欢学校。"

"哦，那你先回去吧，有事情我再找你。"

小桐就这样怀揣着不安和担心回到了班里，她突然很难过昨天没有好好地和卓著告别。

晚上放学，小桐给卓著打电话，卓著接了。

"你在哪里，我以前以为你开玩笑的，我很担心你。"

"我还没有出发，在等一个兄弟，不要告诉别人你和我联系过，我想出去闯一闯，学校不适合我……"

小桐就这样忐忑地帮卓著保守了两天秘密，直到班主任那天下午找了几个平时和卓著关系比较密切的同学去谈话，当然也包括小桐。

“卓著被找到了，但是他还是不想来学校，他妈妈希望你们以同学、朋友的身份去劝一劝他，下堂课不用上了，去他家和他好好谈谈。”班主任坐在椅子上，目光从眼镜片的上方射出来，向被选到的同学交待着任务。

小桐在教室里收拾书包准备出发的时候有些激动，因为这是她时隔三天第一次要见到这个想法奇特的卓著，并且是在他的家里，并且或许以后又能每天见到他了。

可是书包还没收拾好，班主任又来班里说：“你们几个不用去了，卓著妈刚刚打来电话，卓著又离家出走了……”

“那夜夜不停有婴儿啼哭，为未知的前生作伴。你转过了身深锁上了门，再无人相问。”

卓著没有再来学校上过课，这对于一个青春期的男孩儿的确算是件疯狂和不理智的事情。可是谁又能以那时候的心智去完美地规划以后的道路呢。

小桐和卓著的联系也开始微乎其微，因为懵懂的感情本身就美得很朦胧。

只是有一天晚上，卓著喝醉了酒，给齐小桐打了一个电话。电话的那边是乱糟糟的酒酣畅论的声音，卓著的口齿也很不清楚了。

“老婆，我喝多了，你能来接我吗？”

“我……我出不去，你在哪里呀？”

“哦，我在朋友家，你放心吧……”

电话就这样挂了。小桐一个人拿着电话，在那里愣了许久。其实过了那么多年以后，小桐想起卓著电话里的那个称谓还是会有些感动，感动或许卓著也对自己有过那么一点儿心动，也感动着自己以前有过那么美好的关于“爱情”的感觉。

再后来，齐小桐和卓著没有了联系。她只是从别人的嘴里打听到，卓著并没有离开这座城市，在无所事事了几个月后，他去了一所技校，也谈了几段长长短短的恋爱。

“还是走吧甩一甩头，在这夜凉如水的路后。那唱歌的少年已不在风里面，你还在怀念。”

再后来，十九岁的齐小桐考上了一所南方的重点大学，卓著在他的生活里变成了一个关于那个白衣飘飘年代的符号。

其实，很多的青春故事都是这样有头无尾地结束的，开始的时候有些胆怯、有些憧憬，经历时心动，回味着美好。没有大风大浪，只是在年少的时候喜欢了这样一个改变了你心跳的少年。无关乎成绩的好坏，无关乎未来，只是简单大胆不加条件地喜欢着……

小桐寒暑假回家的时候，偶尔还是会在街上碰到卓著，看着他滑着轮滑或者骑着摩托车从身边经过，匆匆打个简短的招呼时还会怀念那段青葱的时光。

听老同学说他有了一个谈了两年恋爱已经见家长的女朋友，听说他经常带着女友阖家出去旅游，然后就没有更多的听说了……

前段时间，齐小桐做了一个梦，梦到她和大学的闺密正在逛一家小店，出来时看到了站在店门口的卓著。



小桐冲上去抱住了卓著就开始哭，卓著也那样安静地用胳膊环着小桐的肩膀。

“你为什么那么多年都没有联系我，我听说你有了一个很不错的女朋友，以后你一定要和我常联系呀！”

梦里的卓著安静地看着小桐笑，小桐仰起脸又说：“你等等，我在这家小店里有个好东西，我拿给你。”“好……”

可是小桐再从小店里跑出来的时候，卓著就已经走了，只留下一个背影。

“你等等我呀，你怎么走了呀……”梦里的小桐对着卓著的背影喊，可是卓著就是那么头也不回地摆摆手走了……

小桐从梦里醒来时，心脏的位置还是有空了一拍的感觉。这次无关“爱情”，仅仅是怀念，或者怀念那个时候出现的头发是阳光色的少年，或者是怀念那段时间窗边看落叶偷偷笑的自己。

齐小桐渐渐开始根据不同的场合搭配不同颜色的衣服，她的衣服也不仅仅拘泥于白色了。

齐小桐偶尔也会想念那段时光，想念那时手指勾在一起时有些青涩的自己，她喜欢听叶蓓的那首《那白衣飘飘的年代》，但她始终庆幸这段青春故事就是这样不了了之的。

因为没有在一起过，所以永远是完整的美好；因为没有大胆说过喜欢，所以永远无瑕得让人怀念。那段仅属于年少时的感觉，终究是一去不复返了……

# 不会发光的卡农

骆驼叶

我告诉阿乔，《卡农》并不是曲名，是曲式。从头到尾八个和弦，一个声调的曲调自始至终追随着另一个声部，直到最后一个小节，融合在一起，永不分离。

然而阿乔并不在意，卷起袖子咋咋呼呼踩着单车，坐在后座的我像坐过山车一般乱叫，引得阿乔笑得花枝乱颤。

当我拿起木吉他默默练琴时，阿乔总是突然跳出来，拽着我出去乱逛。她用语重心长的语气说："你这样闷在家里会憋坏的。"

每次出去疯完，我却几乎要阿乔扛着我回家。这一次，我依然拗不过她，被她神神秘秘地拖上了街。顺着悦耳的琴声阿乔带着我来到那间琴房，阿乔神经兮兮地指着那个沉浸在音乐里的少年，小声地对我说："看，那个男生像不像井柏然？"

隔着一扇窗，阿乔兴奋地向我炫耀她发现的新大陆，却迟迟没有发现我早已红了脸。

她不知道为什么我磕磕绊绊练了一个月的琴，为什么我每次上街故意绕远路，为什么我总是装满心事，以及这一天，那个男生弹的一曲《卡农》。

男生叫佳兴，是笑容好看的男孩子。我第一次见到他是在星期天下午。我走过喧嚣的街道，踩着一地温暖的阳光，意外地听见娓娓如叙的琴声。心中的欢喜押着我的身体不由分说地去寻找声音的源头。走到琴房门外，正好撞见推门而出的佳兴。那只不安分的兔子便躲进我的心里，不停乱窜。佳兴微笑着看着我，他说："你是小轩吧？"

"你怎么知道的？"我惊奇地险些叫起来。

佳兴说着便大笑起来，"是呢，上次你和阿乔骑车经过这里不停大叫，引起不少人注意呢。我们学校属你们两个最闹腾。"

我不好意思地抬头看他，看他在阳光下微微颤动的睫毛，看他清澈如溪的眼瞳。我相信这是我见过的最好看的眼睛了。以至于很久以后，我依然记得那个翩翩少年推门而出的下午，以及他明亮的笑容。

可是我的心里却下起了绵绵细雨。我是多么不起眼儿，在他面前就像一块不会发光的石头。阿乔看见我一直闷闷不乐的样子，以为我生了病。于是天天拉着我出去跑步锻炼身体。我们沿着绿荫小路一路小跑，穿过十字路口，经过无数个车站牌。路过琴房时琴声一次次飞过我们头顶，变成盘旋在我们之上的寂寞飞鸟。

当我满头大汗地躺在草坪上时，我想，我要成为一个更好的人。像佳兴一样发着光。躺在我身边的阿乔懒洋洋地把我揽进怀里。阿乔温柔地对我说："不要把不开心的事情藏在心里好吗？即使你不告诉我，我也会一直陪在你身边。"我微笑着沉默，心想，阿乔怎么可能知道我的小心思呢？我和阿乔默契地十指相扣，她的手指有着花瓣的温度。

在我笨拙地拿起吉他，默默为佳兴练习的时候，阿乔成了我第一个观众。我第一次弹出完整的曲子后，阿乔比我还要高兴。阿乔牵着我的手说："我多么希望你为我弹一首曲子。"

"当然可以呀。我不是一直在弹给你听吗？"

"傻瓜，这怎么一样？"过了一会儿阿乔看着我说，"再弹一遍给我听好吗？"

我点点头，认真地弹着那首烂熟于心的乐曲，这一次，仅仅是为了阿乔。

"七夕"那天傍晚广场上挤满了热闹的人。我以为我可以鼓起勇气向佳兴表白，佳兴却将手中的红气球绑在阿乔的手腕上。

佳兴说“阿乔我喜欢你”的时候阿乔一脸错愕。而我带着自己破碎的自尊心转身离去，将阿乔的呼喊抛之脑后。

那天我骑着单车穿行在如梭的街道上，耳畔风声如鼓。黄昏好像风筝一样在我身后越飞越高。我看见那枚红色气球飞进金色的下午，落日时候悄悄飘向天空。而我走遍大街小巷，汗水淋漓濡湿头发，熟悉的旋律依旧敲进脑海。每一个音符都压在我心上，我喘不过气，翻不过身，犹如一根断掉的弦。

后来阿乔拥抱了失意的我，抚摸小猫般抚摸我的头发。我才知道，生命中发生的种种，都是年轻时的自己写给未来的明信片，或哭或笑，都是最美的样子。之后我问阿乔为什么那天没有答应他。阿乔看着我说：“我只知道我们有种羁绊，便是不离不弃的友谊。”

阿乔说着，扣紧了我的手。

而我也笑出了泪，心想下一次，一定要好好为阿乔弹一曲《卡农》。

# 生活不是我们想象的模样

水墨清秋

我不是个文艺的女生。

虽然我身后就是满满的书柜，闲来无事会冲一杯香气四溢的咖啡，心情抑郁时从容泼墨写下三四十句的长诗，但我确信比起到电影院看一部少年爱恋的影片，我更愿意窝在家里研究一下午的重点大题。

而小沫与我恰恰相反。

小沫在老师眼中是个安静乖巧的好学生，在同学眼中活泼开朗、热情豪爽，会抄袭爱自恋敢打架能骂街。但是事实上，她有一颗标准的少女心，属于看电影只看脸不看剧情的那一类，买来十来本言情小说藏在书桌下面偷偷看，而且自己也会写。但听着她一脸陶醉地讲那些狗血的剧情，我还是差点儿把中午吃的饭菜都吐出来，同时认真思索当初是怎么和她成为朋友的。

在网上曾经看到一句话：朋友刚认识的时候都斯斯文文的，时间久了就不知道是从哪个精神病院里放出来的。

我觉得这句话简直一语道破天机，转给小沫，她点了个赞。

我愣了一下，她是在暗示我吗？有时她会无奈地叹气，笑着问我到底把真正的小秋藏到哪儿了。

在现实生活中，我们是不是都在演戏，演到深陷其中入了戏，分不清哪个才是真正的自己。

在别人眼中我是学霸，性格高冷，才华横溢。但他们不知道，我曾经经常考试输得一败涂地；我不爱说话不是因为高冷，而是为了掩饰内心的自卑，害怕被人嘲笑；我努力学习只是因为别的方面一无是处，想用成绩换来在班级中的一席之地。

当累了倦了时，我也想把心放逐到天涯去流浪，也想逃课写文字踩着影子和月光回家。我在本子上写：我不想做学霸，我也想活得潇潇洒洒……但宣泄过后，我还是会拿出习题集温习最薄弱的英语。因为如果明天的英语测验没有得到满分，大家就会议论学霸也有今天，而我的对手会轻蔑一笑，甩着头发趾高气扬地去给英语老师送水果。

一个人一旦被贴上了标签，就很难做回真正的自己，也会不由自主地按照别人心中的轨迹生活下去，否则就要面对周围讶异的目光，因为在他们心中，你就应该过这样的生活。他们理所当然地认为，“你选择了耀眼，就不要怕辉煌背后的冷清”。

最终我们都活成了别人所希望的模样。

但现实不应该是这样的。



人是立体的，每个人都把性格里最好的部分展示出来，这些部分是带有伪装性的。它集合了你所希望的所有优点，再加上那么一点儿真实的表现，就合成了所谓完美的人，其实它只是你幻想中的人。

我忽然想起了Ms.J。她非常有个性，做事雷厉风行，从不拖泥带水，真诚友善，像阳春三月微风，清清爽爽却带着温度。她是个很厉害的数学老师，带出来的学生平均分在一百一十分以上，把一个女生的班级名次从“村小”十多名提到了重点中学前三名。没错，就是我。此后，我对她充满崇拜。

直到有一天，我发现她并不是我心目中的那个Ms.J。

那一刻我愣了，害怕她所展示给我们的美好的一面都是伪装出来的，害怕一直崇拜的是一个虚无缥缈甚至不存在的人。

我没有意识到自己和平时最鄙视的人一样，按自己的想象来给别人下定义，发现别人不是自己想象的模样，就理直气壮地认为自己受了欺骗。

时光会揭开所有的伪装与幻想，残酷地还原生活本来的模样。

生活从来不是我们想象的那样，也没有人有义务活成你眼中的模样。

# 梦想，不是心血来潮

锟 少

有次心血来潮，我就想：现在好好睡一觉，一觉醒来我就腰缠万贯，一夜暴富成为亿万富翁，还是年少有为白手起家的励志型的那种！

等心血退潮了我颓废地回望自己的现状：学科总分排名年级倒数第一，每天的早餐钱都用来买漫画了，放假后书本一扔就四仰八叉地躺在床上看漫画，老爸出门时偶尔忘了锁书房门就一整天宅在电脑前，就恨不能像贞子姐姐那样视显示屏为无物爬进爬出了。通常都是仰天长叹一声，又立马趴在床上看漫画。不过我恢复力超强，说白了就是脸皮特厚。哀叹之后没几分钟就自我安慰：每天“嘶嘶”地吐着蛛丝，天上飞、地上爬的蜘蛛侠也就是一报社记者；在被小怪兽打得半死不活后终于放大招拯救地球的奥特曼也是人。这样想着我心里就平衡多了，没准儿哪天我人品爆发了“嗖”一声坐火箭就直达人生巅峰了呢？

有次又心血来潮，就跟小Y侃大山，说：哥这么好的嗓子不搞个乐队弄弄原创神马的简直就是暴殄天物。咱最不济也能混到天王级别，趁现在赶紧跟我要签名，不然我以后出了名可就千金难求了哈！

小Y不屑地撇撇嘴：就你那公鸭嗓？五音不全，唱哪首歌都跑调，唱到高潮部分还嚎得跟杀猪似的。你忘了咱俩上次翘课，你站马路边儿上唱歌，当时你唱的是神曲《江南Style》，结果你把路灯给唱短路了。还天王级别？人家天王哪个不是亿万身家？你呢，顶了天也就拿把破吉他站街角卖唱，没准儿一个钢镚也没人舍得给！

于是我的天王梦夭折在小Y的毒舌下。

不过打不死的小强别的不说，生命力那是杠杠的。我想超级赛亚人越挫越勇的精神被我发扬到了极致。天王梦胎死腹中之后的某天，我百无聊赖地翻看杂志，封面又写着某某某文坛后起之秀于某年某月某日完成几百万巨作。心血澎湃之际，我又提起笔练那自以为霸气侧漏的签名。

直到小Y来找我，看到我又在浪费国家资源，问我哪根神经又搭错了。我放下纸笔嘚瑟：笑话，待哥大笔挥毫洋洋洒洒，几百万字的大作横空出世，能不受到千万读者的追捧么？到时候举办新书签售会，签名肯定签到手抽筋啊！这次是说正经的，赶紧跟我要签名，不然到时候出书了，你就算排队要签名也轮不到你了！

小Y又是不屑地撇撇嘴：别逗了，我还不了解你？你认为你那几百万字的大作横空出世之前你能写出几百字？连老班布置的一千字作文你都能精简成一百字。你那大作趁早就别想了哈！

于是我这个二代郭敬明又败给了小Y的毒舌。

这次打不死的小强死了，越战越勇的超级赛亚人蔫了。

又是几天后，我终于消停地坐在画架前画画。轻轻抚摸着已经蒙尘的画板——这个无论我喜怒哀乐，早起晚睡都默默陪着我的伙伴，突然心生一丝愧疚。小Y又来找我了，见我正在擦拭画板，也不说话，在我旁边坐下，像是自言自语又像是对我说：记得吗？初二那会儿你说你要当一名漫画家，不要太出名，只要有读者喜欢你的漫画你就会一直画下去；你说你要抽时间背上画架去旅游；你说你喜欢画画时抛弃一切无忧无虑的感觉；你说自己画画的时候一定很专注，很认真；你还说你出版的第一本漫画一定第一个给我看……

是啊，我一直都想拥有一个自己的漫画工作室，不需要太大的面积，不需要精致的装潢。可以在晚上把书桌前的窗子微微打开，静静地吹风，专注地画自己喜欢的漫画。夜深，放下画笔，熄灯睡觉。准备迎接明天清晨照到书桌上的第一缕阳光。

偶尔闲暇，简单收拾背包，背上画架，换一身清爽的休闲服，脚踩帆布鞋，开始一场一个人的旅行。

铅笔在素描纸上来回游动。画纸上的男孩儿五官分明，嘴角微微上扬，对我说：去奋斗吧，为你那个并不伟大的梦想。但记住，梦想，不是心血来潮。

呵呵，梦想，不是心血来潮。

# 世界上的另一个你

麦田田

在深圳工作的你不要再吃泡面了，好吗？还有没有临睡前学点儿日语单词？我这儿很好，在准备专业考级，勿念。

## 1



认识青梅纯属偶然。那时舅舅的工厂出了点事，我被临时拖去做“监工”。闷热的铁皮屋梁子下是电风扇吱呀吱呀地转，成堆的砖子堆在废旧的台球桌上，几只铲子插在砖堆上。而围在桌前的是群上了年纪的奶奶们，偶尔会出现几个稚嫩的面孔帮他们的奶奶排砖，但没多久小小的手指头被粗糙的砖子划破后，便疼得龇牙咧嘴地跑出去玩，而青梅是这群小鬼头中唯一一个坚持坐在椅子上一动不动排砖的小姑娘，也是手最耐磨的一个，没有向我拿过一个橡胶指头盖。她说，那会耽误她排砖的速度。她有时可以排上三百块砖，但大多数时间，就算中午都不休息，也只能排上两百块砖，也就是说一天二十元。

青梅知道我是九月要上大学的人，每逢我有空时，她便放下手中的小砖，仔细把落进指甲盖里的粉末洗出来，拿着《暑假开心作业》问我英语阅读。她属于那种英语基础薄弱却刻苦的学生，我教她几道英语阅读理解，她腼腆地对我笑了笑。大风扇吱呀吱呀地吹，她弯着身子在台桌前写着暑假作业，汗浸湿她白皙的后脖子。我突然好想知道她的故事。

## 2

青梅说，她喜欢上隔壁班一个男生。那男生是校篮球队的，校服上衣的拉链总是拉开好大的口子，裤子是修整过的。每个校篮球队员身边总围着一群人，他也不例外，就像一颗星星在篮球场上引人注目。“因为他特帅。”青梅这样形容她眼中的他。青梅还说，她每天早上都会存下一块钱的公交车钱，走好几个站的路程到学校。

“半小时的路，你不累吗？”

“不会，只要想着他收到生日礼物时的表情，我心里就会开心好久。”

她走了三个月的路，每天带着一块钱的希望上路，最后她买了一把Ukulele。



我也曾遇到过这样一个人。升高一的那年，有个很普通的男生送了我一枚925纯银戒指，现在那枚戒指还在我首饰盒里，我没有戴过它，可却养成了拿软布擦拭的习惯。我小心呵护它亦如当初那个男生小心翼翼把戒指摊开送到我手中的心情。那时的我性情耿直，没脸没皮，虽然我最后并没有和他在一起，但只要想到他是存了多久的钱或者是省掉多少顿的早餐钱，我就时常心感柔软。在那个出门都会和别人三言两语就任性地要绝交的年纪里，有这么一个人把你放心上，本身就是一种幸福。

“那他一定很开心收下你的礼物？”

“没有，我把琴退回去了。”

她暗恋的那个男生，生日那天给每个送他礼物的女生都送了一盒德芙巧克力，一盒德芙巧克力99.9元。那是她见过最贵的巧克力，Ukulele的价钱和德芙巧克力的价钱差不多，可她却再也没有勇气从她大包里拿出那把她每天花一块钱存下来的Ukulele。那个男生也给她递了盒德芙巧克力，她小心翼翼地剥开德芙的外包装，吃在嘴里却越发地苦涩。

## 3

青梅说，她经济独立后想去旅行。说完她自己腼腆地对我笑了笑，眼睛黑亮黑亮，特别有神，特别漂亮。当我问她最想去哪里时，她说："日本。"她见我有点吃惊，便又小心翼翼地补了几句，"因为我喜欢川端康成的文字，所以想去那里，我还学了点日语，现在会默写五十音图了，我现在给你默写。"看着她柔和的面庞，感觉整个世界都敞亮了，多么朴实和善良的一个女孩儿。那时的我正处于大学填志愿选专业的紧迫中，一个是英语专业，一个是中文专业，我在两者中徘徊不定，因为不管选择哪项，我都会失去另外一项，所以当一个姑娘只是单纯地喜欢川端康成的文字而笃定地告诉你她想去日本，而我还在选择专业考虑太多关于以后的就业前景时，心里油然生出一种钦佩之情。很久以后，我二外学日语时，才真的意识到初学者默写五十音图是有多难。

我们多数人会由于害怕得不到回报而放弃，由于害怕失败而选择不做。这是不该的，你应该去尝试。后来我选择了我喜欢的英语专业而不是可以让我捧铁饭碗的中文专业，因为我想出国，对，就是这么简单粗暴，又俗又有力的理由。你要相信，当我们怀揣一颗单纯的心去做一些事情，反而会收获一些小美好。你说，几年前只是想发表几篇文章，让身为小博作者的同桌嫉妒嫉妒，结果你因为一时的虚荣心就写到现在。

Mook 3里有过这样一段话，"因循自己固有的方向不断改进是动小刀，改变方向是动大刀。但很多人都找不出最优的方向在哪儿。"当你真的面对选择迷茫时，找出你感兴趣的一个方向去动大刀，我说的不是鸡汤，这个前提是你怀揣着一颗单纯热爱并执着的心。

## 4

青梅高考落榜后，按照她家里人的意愿，怕是读不成大学了。她给我打来电话时，我能感受到此刻她大概是咬着下唇不知所措地征求我的意见，而我只能安慰她说："还有成人高考，你可以边工作边准备，或者直接复读。"

我并不能替她走人生的路，我只能告诉她有几条路可以走。她的路要由她自己走。

后来青梅咨询了其他人的意见，最终选择去深圳工作。我很难想象她那个小身板里究竟藏着多大的勇气和力量，深圳的工作地点并没有提供员工宿舍，她自己在外租房，买菜煮饭，有时工资还没发下来，交了房租，就把袋装泡面装保温瓶里泡着。我以为她会打电话向我求救，可她一次都没打过。后来她给我写了一封很长的信，她说，她为了面试那个跟日语产品有关的销售岗位，花了大概一千六百元的车费，为了省一晚三百元的宾馆费，在车站坐了一整晚。

她在来信的末尾说："我开始觉得天天能吃得起德芙巧克力，排砖一天五百个，都比不上我现在的生活。还有越来越喜欢呆在图书馆里，学习真的能帮助人摆脱昔日经验的限制，我现在每天都在消化和吸收新的资讯，尝试那些新鲜的东西。我觉得能走自己的路很幸福，即使幸福只有那么一点点。还有华子，你考级要加油哦。"



## 5

我到现在仍然清晰记得青梅排砖时那长满茧子被砖划开伤口的手，然后就想象着青梅拿着保温杯泡袋装泡面的手，以及在书柜前翻过每一页书的手。

环境不同、选择不同、过着截然不同生活的你和我，只是偶然觉得彼此想法相同，我们便一起度过那孤独的生活。因为有你鞭策，我才有勇气和你一起穿越黑暗。

## 你又何必拒绝温柔抵达

我和他原本萍水相逢，只不过他在我隔壁床就这样认识了。他跟我说过 Starbucks 的由来，跟我说过咖啡很有营养，但不能常喝。他还鼓励我学好英语，去美国找他玩儿……告诉你跨过去就能接触到你想要的温柔。

你在痛苦中煎熬，你难过得不知所措时，他们并不知道，但若有点儿温柔，你又何必拒绝温柔抵达。

# 你又何必拒绝温柔抵达

——写给那些我亲爱的初三（四）班同学们

麦田田

有一年，骑自行车行驶在路上好端端被小汽车给撞倒了，司机肇事逃逸，我膝盖骨严重受伤。那时正值爸妈出差，没有一个人可以抽开身来照顾我，更绝望的是再过半个月就要中考了。我整天呆在医院的床上，看着天花板数着上面的污渍，看累了也只能微微侧过头看窗外的天空。那时通讯不方便，学校封闭式的教育没能让我任何一个同学正大光明地走出校门来看我，班主任每次都会带一叠试卷过来，她语重心长地跟我说："华子，别担心，无论如何你都能上好点的高中。"再后来班主任一忙起来也忘记试卷这件事。日子就像脚踩软布或者踏进泳池时的那种不真切感，让我觉得非常不舒服。

认识阿舜纯属偶然，他是养正高中的学生，听说他一天内流了两次鼻血，便来医院体检，全身黑的校服也抵不住他苍白的脸色。他住我隔壁床，被美丽的护士小姐抽了一管血后便吊起了点滴。大晚上他的肚子咕咕叫，在吃了我奶奶带的饭菜后，便和我结成了革命友谊战线——两个同样不能下床的初三学生和高二学生匪夷所思的友谊。

阿舜说他爸妈在美国，不能回来看他。

我说："我爸妈准备出差回来后离婚。"

阿舜说他急着出院去参加市质检。

我说："即使中考我也出不了急诊部一步。"

阿舜从病床那头伸过手来摸摸我说："傻姑娘，你想表达什么？"

"我比你惨。"说完，我内心凉了一大半，继续说，"你知道吗？从我有记忆以来，我生病都是在急诊部同一张病床上度过的，我可以清楚地告诉你戴上眼镜看天花板上有三十七块污渍，摘下眼镜有二十二块，随着我近视程度的加深，我现在只能看到模糊一片。"

"喂，你怎么睡着了！阿舜。"

阿舜有一口标准的美式发音，他说他每天都有听ABC的习惯，因为他想去美国。我对英语学习并不是很感兴趣，听他讲英语国家的事情，我就像隔了一个世界那么远地在听。

他跟我说Starbucks(星巴克）的名字，是来源于美国作家麦尔维尔的小说《白鲸》中一位处事极其冷静、极具性格魅力喜欢喝咖啡的大副，他还说咖啡有营养，但不能常喝。

他是养正高中实验班的学生，可以选择保送上海的大学或者出国，可我连挣扎的机会都没有就已经参加不了中考，没法选择想要读的高中。他鼓励我学好英语，将来去美国找他玩儿，可我意兴阑珊地对他说："我上不了高中，家里也没有那个条件。"便侧过头不理他。

阿舜出院了，留了个QQ给我。那天我对新换的药过敏，当晚就浑身难受地从床上翻滚到地上，膝盖骨疼得我差点儿晕了过去。我没有勇气爬上床，因为非常疼。冰冷的地板将我围着，周围都是入睡的人，我咬着嘴唇却不肯哭。

年少的倔强也不知是一种真的坚强还是一种孤立无援而选择伪装坚强。那时噙满了眼泪，疼得翻不了身子，一步一步用手拖着整个身体前行。爸妈三年来都没来开过家长会，我都不曾哭过；没有一个同学能来看我，我都不曾哭过；参加不了考试，我都不曾哭过。为什么我要因为这身上的某种痛就这么难受？我在地板上拖着身体，朝门口的门框抓。我抓住了门框，又沿着门外的墙壁走。我不知道我要去哪里，我也不知道我的未来在哪里，我只想逃离这里。我突然好想阿舜，我好想去他所说的那个美国，去喝喝星巴克……

那年中考正值流感爆发期间，有人坐着救护车被隔离开一间教室单独考试，也有人说学霸从楼梯上摔下去头部受伤，带着纱布坚强地考试。那年中考考第一科语文的时候，我在医院打消炎针，周围病床上都是一群被排除甲流但发高烧的养正高中的学生。

阿舜觉得我受不了中考的打击，中午就端着饭盒过来陪我数天花板上的污渍。

他说，想哭就哭吧。我回了句“神经病”，便躲进被窝里哭。

护士小姐给隔壁床换新瓶时，问阿舜我为什么哭。

“不许说！”我没好气地从被窝里露出头。



“因为今天中考。”阿舜无可奈何地摇了摇头说。接着护士小姐以一种吃过很多盐看透生死的高冷态度说：“你是笨蛋吗？”

护士小姐说：“难不成以后想像我一样伺候你们这群伤秋悲月的人吗？另外一条腿不是好好的吗？爬也要给我爬出去！”

那年甲流困扰着很多学霸，而我的青春期都在甲流爆发期间完成蜕变，不管是一年后我对甲流疫苗免疫力不够而入院，或者是受它影响，我的一些同学被隔离起来了。虽然谈不上比非典的爆发来得悲壮，但在我那学生时代，确比任何事情都悲壮。

那年中考英语很简单，听说平时不能及格的都在那次考了一百三十分或者一百四十分以上。那年中考听说有个人的试卷被风吹走好多次，监考老师忙着捡试卷。那年中考，我全身颤抖地出现在离医院有一小时车程的母校门口。

我不知道我要去哪里，也不知道我的未来在哪里，我只想逃离这里。

中考前第一志愿填的是养正高中，中考过后没考语文也没有什么奇迹发生，我在一所普通的高中就读，期间因为在去比赛的路上从楼梯上摔下来进了医院。经常看护我的护士小姐依旧高冷，父母结束了长达二十年的婚姻，我和弟弟跟了妈妈。但和阿舜彻底断了联系，我不知道他现在是在国内还是在国外。

我和他原本萍水相逢，只不过他在我隔壁床就这样认识。他跟我说过Starbucks的由来，跟我说过咖啡很有营养，但不能常喝。他还鼓励我学好英语，去美国找他玩儿，只不过来不及告诉他的是我学了十几年的英式发音，听了多年的BBC，已经习惯了，但我仍无法拒绝的是曾有那么一群人给予你希望，告诉你跨过去就能接触到你想要的温柔。

世界上不懂你的人很多，可能是你父母或者是你朝夕相处的朋友，你在痛苦中煎熬，你难过得不知所措时，他们并不知道，但若有点儿温柔，你又何必拒绝温柔抵达。

# 只需不停奋斗

某某闲来

看到宇寒空间里的“说说”，打算贡献一点儿收视率来支持他，于是把那期湖北卫视的《今天不烦恼》栏目从头看到尾，除了宇寒努力营造的听话小男友形象深入人心之外，还有一个片段——“我的问题学生：十八次高考屡次失败”，让我印象深刻。



那是一个年过四旬的“学生”，穿着深咖啡色的夹克衫、休闲牛仔裤神采奕奕地走进演播大厅，笑容可掬地向在场的观众自我介绍。当主持人说，你已经考过十九次了，嘉宾立马打断更正道，是已经考过十八次了，准备考第十九次。在场的人无不惊讶，就连坐在主持人席中的孔哥也出于敬佩加上年纪相同的原因马不停蹄地奔了过去，和他并肩坐在一起表示支持。孔哥说：“王宝钏苦守寒窑才十八年，你都要迈入第十九年了，这种精神，值得大家敬佩。”

我从小就对执着的人敬佩不已，更何况这位大叔寒窗苦读了三十二年，只为迈进四川大学数学系的大门。且不论后来班主任揭示其经常在茶馆看书，就单凭十八和三十二这两个数字就让我们所有被困难打败并轻言放弃的人汗颜。

顿时，我想起我身边也有这样的一号人物——A君。他是我们学校的传说，长相好、智商高，是一位德智美体全面发展的学习标兵。由于两家挨得近，他经常成为我爸妈口中的“别人家的孩子”，是年幼的我不断学习的榜样。

“周董”曾经教导我们——不走寻常路。我想他大概是杰迷中的一员吧，才会在高三这个敏感时期，大家都打了保险牌的前提下，推却了学校保送的名额，加入了我们这些普通学子为期两天的武林大会。没想到的是，在大家都一致看好他会考上北大清华之类重点大学的期待里，他居然只考了一所专科学校，在这场声势浩大的武林大会上输得一派涂地。

电视节目里的“问题学生”和A君选择了两条截然相反的路：一个选择留下复读重战黎明；一个选择一走了之集聚力量，显然A君选的是后者。他拒绝了老师让他复读一年的建议，一个人收拾行李北上去了繁华都市的专科院校学起了建筑，为了加深对专业的认识，他更是利用休息时间跑到工地上打起了零工，起初是搬搬砖、运运土，后来慢慢成了小领班，开始接触到图纸这一层高深的东西。三年来，他仅仅只有过年的时候回来，短暂地享受父母的温存后便又挥手告别。他把他所有的时间用在专业学习和社会实践中，终于在毕业的那一刻起，他孤注一掷用他所有的努力拿到了“211”大学的入学通知单。后来听办自考学校的姑父说，大专和本科就好像中间隔着一条河，说深不深，说浅不浅，努力了就能跨到河的对岸去，但往往很多人都摔在了那条河里，因为机会只有一次。听完姑父对学历的系统解释后，我的身上起满了鸡皮疙瘩，我知道，这一切的缘由都是因为它。

后来A君依旧凭借着坚持不懈的执着和努力在“211”大学里照样混得是风生水起，最近他还作为交换生要去德国留学呢。不过这一切又都是后话了。

临走前，我去送他。问了他一直深埋在心底的一个问题，“为什么你花了三年来考个本科毕业证，当初却不愿意回头复习一年呢？”

A君笑了笑，“人的一生总不会一帆风顺，遇到困难了不能只会退缩投降，只有坦然接受了才能不断奋斗，最后创造出奇迹。”

直到今天看了《今天不烦恼》的这个片段后，我才终于明白A君话里的深刻含义。此时，套用我曾经迷恋的一个NBA球星的一句话作为Ending："就算我投失前二十个球，我仍然相信第二十一个球一定会进！而我，只需不停地奋斗。"

# 愿你此生笑靥如花

许烟雨

沅于我而言是一个符号。因为我只是听说这个班上有一个高冷的副班长，也有人说这是一位极其萌逗的副班长。我从来都没有奢望过去认识这么个站在生物链的最顶端的捕食者。

他像神一样地穿梭在教室里的每一寸角落，尽管我和他还来不及相见他就已经早早地回家调理他那根神奇的脊椎去了，可是他的名字还是会时不时地出现在我们周围。他人是不在我们周围了，但他的书法还挂在墙上，虽然我们笑称那是他的“遗书”，但它依旧可以证明他是多才多艺的；他人是不在我们周围了，但是他作为优秀小组组长的照片还挂在宣传窗上，虽然我们有的时候会走上前去装模作样地对“他”说上几句话，但它依旧可以证明他曾经的优秀。他就是这样一直无处不在又一直无迹可寻。

至于我，我只是一个极其普通又渺小的角色。初来乍到的新鲜感一过，就如同从未来过一般。我就是水上的一滴油。我融不进去。

其实，我也没那么想融进去。

然而沅一直在帮我。他经常听我说班级里发生的故事哪怕我说得又平庸又乏味。于是我开始关心班里琐碎的事情，他也经常讲他曾经辉煌的过去以及班上人对他的“碾压”。慢慢地我就融进了班里成了真正的一员。后来我们的关系变得微妙起来。

我们就这么漫无目的地扯闲，从东扯到西。他像是一位知己，更像一个垃圾桶，让我安心地宣泄我所有的不满。我可以如心灵感应一般地遇见他的爱好，他也可以一下子就明白我的软肋。我们甚至还互相约定要一起考Z中。他说，这样和我静静地聊聊天的感觉真好。

这些我全都记得。

可是，我不知道沅是不是全都记得。

有时候我常常在想，有这样的好朋友是一件多美好的事，我一直以为我们是心照不宣的。他那天告诉我，他很开心地告诉我他有喜欢的人了，女孩她爹是他妈的学生，他们生了一样的病。

我酸酸地回：你们那叫同病相怜。

他真的没有听出话外音还是我真的于心不忍看着我和沅就这么渐行渐远，我们依然像以前那样畅所欲言。他依旧像阳光一样化开我心里的不安，像春风一样吹开我的难过，可是我渐渐明白他终究不是我的。他是太阳，远远地看他的光芒很舒服，但是靠近了，光芒就显得刺眼了。



没关系，我不难过我一点都不难过。沅于我而言不过是一个符号，所以就算失去了也没有什么损失的我还是原来的样子。

没关系，不是所有无话不说的好朋友一定会永永远远地在一起不分开，相交了的直线总会有一天向两个不同的方向射去。

没关系，去吧。趁我们还没老去。祝你此生笑靥如花，祝我此生缤纷如锦。愿我们都有灿烂人生。

# 双生花

九 人

## 林瑞宁

我知道，由于“标题残”的我想了个暧昧不明的题目，又由于林瑞宁他爸爸脑洞大开取了这么个男女咸宜的名字，你一定以为我要讲的是一个女孩子了。非也非也，林瑞宁可是一只正儿八经货真价实的男生，一米八的大个子，黑黝黝的皮肤——你问我他黑到什么程度？哎呀我本来傍晚还能看见他，可是随着年龄的增长，我发现只有在白天我才能看见他了呀！

前段时间我问他有没有粗犷的腿毛，认识这货这么多年了他却依然傲娇得不成样子，不撩裤管给我看，连口头描述都不肯。不过后来我也想明白了，他那么黑，有腿毛也看、不、见、啦！哈哈哈（咦，后背忽然凉飕飕的，嘘——）

认识林瑞宁还是因为我的前男友（嗯为了凸显林瑞宁小朋友的重要性，像前男友这种跑龙套的用字母A代替就好了）。那时喜欢A喜欢得近乎走火入魔的我，大概也是智商低到了一定程度，学着看了一堆言情小说，净瞎琢磨诸如拿下他的兄弟等于拿下他心的一半此类奇葩理论，好巧不巧，林瑞宁正是A的好朋友。

我和林瑞宁成为好朋友的过程神奇到有点儿像狗血剧里的男女主角，我们在因为一些我如今已经想不起来的原因打了一架后互相知道了名字，莫名就熟稔了起来。我至今觉得这种现象不能用“不打不相识”来形容，不管怎么看都是林瑞宁皮痒痒嘛。姑奶奶是可以随便调侃的么？不帮我收集情报追A男神还妄图拿我开玩笑打趣？嘿，我这爆脾气！

后来才知道，小学时我和林瑞宁的班级只有一墙之隔，六年过去却依旧相见不相识。而初中我们隔着一整个楼层，居然还成了铁哥们，所以说，该遇见的总是会遇见的吧，不分早晚。再后来我与A同学聚了又散，和A的众多好兄弟也一点点划清界限，唯独和林瑞宁的交情一如往昔，见了面没两句好话就啪啪开始掐架。

搞笑的是，上了高中的他（我也不想说什么了，小学初中高中都同校的孽缘）为了维持浮于表面的绅士风度形象，简直是一副任我宰割的小绵羊模样，这种时候啊，当然要配合他作死的行为抓住这千载难逢的好时机，一报我九年义务教育都没来得及报的仇，狠狠扁他一顿。林瑞宁不停地嗷嗷叫痛，又碍于站在旁边捂嘴笑的女神不便还手，这酸爽，呵呵呵，今天天气怎么这么好，连雨都下得十分有味道。



我是个十足的损友，这点我是十分有自知之明的，比如？咳，我屡次答应请林瑞宁吃的糖果，早已悉数进了我的肚；比如他让我帮忙在书的封面写名字，我悄悄把他的“瑞”全写成了“端”（话说他好像至今没有发现，我这样说出来是不是不太好）；再比如，我这个穷凶极恶的家伙在知道：一、林瑞宁生活不能自理；二、他爸妈出了趟远门；三、他爷爷给他送来了卤鸡腿后，跑去帮他消灭干净了鸡腿然后带他去买了各种口味的方便面……劣迹斑斑已经不忍直视，不过这就是我们啊，如果没有他，我的求学生涯得少多少乐趣，他如果没有遇到我，又怎么能对这个世界的异性有新的认识呢？所以还是希望他不要因为这篇文章勾起什么并不十分美好的回忆然后对我下毒手。

事实上，我当初和林瑞宁拉交情的目的根本就没有达到，他那低到令人发指的情商致使我在倒追A三年之后才知道——A两年前就在和女朋友热恋，所以关系到终身大事的事情根本就不能指望他。可也是这样蠢蠢的他，在我用玩笑的口吻跟他讲A恐怕是真不在乎甚至讨厌我时，听出我颤抖的语调，难得严肃着一张脸很认真地劝我“不然还是放弃吧，不值得”。我没有说话，心里却晕开了一片海洋。

校运会的时候林瑞宁跑三千米，我自告奋勇要去当他的后勤，可是有个女孩子，比我更早跑到他身边给他递水，一路气喘吁吁地咬牙陪跑，跟着林瑞宁跑了近一千米，累得红彤彤的脸颊真的很可爱。

而我也忽然意识到，我和林瑞宁迟早会各奔东西，会遇见不同的风景不同的人生，就像那个送水的女孩儿已不在我所认识的范畴里，以后他熟知而我未曾听闻的人会越来越多，一直挤到我们的朋友圈子没有交集存在。我知道不管现在我们约定些什么，许诺些什么，以后都可能变得不作数，我们再好也不可能好上一辈子。他会找到他的另一半我也会找到我的对的人，然后我们为了彼此的生活剥离开蓝颜知己狐朋狗友的角色，各自天涯安好。经年后在某一个时刻我们也许会想起对方，怀念我们那些已经老去的曾经吧。

我一直说男闺密是熟悉到舍不得在一起的人，可是我还是会十分舍得地把他交至另一个女孩儿手里，毕竟，那样就终于摆脱这个大麻烦了，对吧？

林瑞宁，我想提前祝你幸福，真的到了分别那天的话，我也许会无视那正经的场合激动到哭，带着哭腔说祝语，声音肯定特别难听，你肯定会怀疑我有意拆你台。那时的你如果注意到我的失态，一定要相信，我只是被葡萄酒呛到红了眼，只是风里有太多沙子又太难缠。

一定一定要，好好生活，很很幸福啊。

宋语西写于2015年6月3日

## 宋语西

老实说，宋语西乐颠颠地跑来让我写一篇至少一千字的文章歌颂她的时候，我右眼皮跳了三下，在她说她已经写好了“林瑞宁大揭秘”的时候，我的右眼皮跳得更厉害了——或者说根本就是在抖，连眼皮都晓得宋语西有多恐怖，简直不忍想象她到底揭了我多少短。

我估计着她突然这么抽风，肯定是因为刚刚看完从我这里抢走的（注意这个抢字）一本写友谊的小说，萌生要留点儿东西作纪念的想法吧。

反正啊，我是从来没见过像宋语西这么强悍的女孩子，你扯一下她的头发，她一定会奉送你的衣服两记脚印，明明看起来矮萌矮萌的，气焰倒是嚣张得不行。你应该也看出来了，从认识她后，我永远是处于下风被欺负的命，威逼利诱我去做间谍打听她男神的情报，还总是嫌弃我，想想还真是有点委屈。（没错！我就是借这个机会控诉一下！）

有一次宋语西和我吵架，前一天吵，第二天就和好了，但是她把“你怎么这么黑呀？”“为了暗中保护你呀！”当做个签挂了一个月……像她这样三分钟热度，一天换十几次个签还嫌不够频繁的人，为了给我留下心理阴影也是蛮拼的。这个无知的人，小爷这一身美观又健康的小麦色居然自始至终都被她用“黑”字一笔掠过。

宋语西的血液里全是躁动因子，自带“唯恐天下不乱”的气场，恶趣味得让我一度笃定她以后是嫁不出去的。偶尔碰见在学校的小角落谈情说爱的小情侣，她就哐哐地往上冲破坏人粉红色的氛围，好在她还没有忘记装出一副找东西的模样，不然恐怕已经遭到通缉，还美名其曰为学校打击早恋作贡献，呸呸。如果说这还有萌点，她的另一个怪癖就比较吓人了。在问明我旁边没有其他人之后就会开始给我狂发各种恐怖小段子以及动图，说是为了以后我能带女朋友看鬼片打基础，谁不知道她就是想吓我……人艰不拆，好在我心脏够结实。

我有睡前听歌的习惯，宋语西不知何时对我的MP3动了手脚，我插着耳机在床上翻了几番睡不着，正打算下床拿本书看，脚才刚着地呢，正逢歌曲切换到下一首，阴飕飕的一句“你踩到我的头了我的头啊我的头……”在耳机里炸响。8月酷暑忽然脊背发凉，大抵就是这种感受。正打算好好收拾她一顿，她就没节操地来赔礼道歉了，难怪孔圣人说“唯女子与小人难养也”，太狡猾。

宋语西这种杀千刀的性格我是除了鄙夷还是鄙夷，但是还好，她是我见过最不矫揉造作的女生，是野人一般最原始的清新爽朗，纵使惹祸无数，也会永不气馁兴致高昂地去解决。我也希望她永远是这副没心没肺的样子——虽然她说，她是看过了最惨淡的风景才练就这样的百毒不侵才不是傻乎乎的没心没肺，但我总觉得她这句话是拿来装的。反正怎样都好，开开心心地生活比什么都重要（毕竟我在前面说了那么多她的坏话QAQ也该夸夸她了）。

唉，担心她还不如多担心我自己，她可是会在大冬天揪住我撸袖子露手臂给她焐手的人欸，没错她这么彪悍的女汉子，总是会找到一白面书生抓回去当压寨相公的！握爪！

默默打个广告，我也是好孩子啊，目前单身……

林瑞宁写于2015年6月6日

大概啊，友情就是这样当面背地都黑到死，其实又满满暖暖的关心吧。毕竟两轮明月肝胆相照才是朋呢，像双生花一样，一损俱损，一荣俱荣。

# 和“下雨天”一起的日子

Bottle

我家“下雨天”坏了。哦对了，下雨天是我的小笔记本电脑，因为有一回带它去上课结果下课的时候被狂风暴雨困在教学楼回不去了，等风雨变小我用我伟岸（胖子）的身躯拥着它，用我的背替它挡了风雨，之后它就被我取名叫下雨天。下雨天是个命途多舛的娃，也不能这样说，应该说由于它我的命途一直多舛着。

为了能买下它我曾经去一个位于海拔二百八十多米高的山庄酒店里兼职当服务员。整个山庄算上我和我同学就五个人，饭菜虽然是天然无污染但是每顿只有一碗饭，碗是一次性的小碗，晚上七点多就回房间睡觉，偶尔还能看见山里的小生物——爬虫在床上爬来爬去，比较幸运一点儿能看见萤火虫落在窗台上闪着幽幽的光。六天七百五十元人民币，从山上下来感觉像回到人间，瘦了四斤我很开心，但是一手臂的红包，量多个头大，加起来十几个，每个都还红彤彤火辣辣的。

暑假去打工，五十天流血流汗。真的流血了，第一天脚后跟磕出了血，后来一直没注意，差不多一个月才落了痂。再是过敏，脖子上一片红色疹子，好了脖子手臂又来。最后到手两千元人民币的时候我的眼泪像一条溪流蜿蜒流下了脸庞，劳动力不能更廉价。开学提前三天到校兼职，去的那天在公交车上被一大妈给撞得飞起，从台阶上掉下了公交车门的黄色区域内。

要不是一手还死命拽着杆子，估计当时的姿势就不是半弯腰而是五体投地了。好不容易到了站原本晴朗的天突然雨哗地泼下来，在公交车站等着雨变小再回去，结果被飞驰而过的车溅起的水淋了一身，索性就淋着雨走了，现在想想都觉得心酸难忍。

最后自己好歹凑了三千多元，亲爹到底是亲爹，大方赞助了一千元人民币，于是在那个平凡的午后我去把它带回来了，从此开始了我和它“翻滚吧牛宝宝”的磨合期。

第一个晚上除了在修复漏洞我就没干别的事情，重复修复重复启动，开机速度两分多钟，让我这个习惯了开机速度二十七秒，总是被恭喜击败全国98%电脑用户的人感受到了来自全国98%电脑用户深深的恶意！

第二个晚上我们也算彼此熟悉了。亲爱的，没有PS的电脑对我来说不能称之为完整的电脑，亲爱的你别傲娇，让PS君安家落户好么，亲爱的，亲爱的……叫你一声亲爱的你还蹬鼻子上脸了是吧信不信我分分钟灭了你！没有理会我的威胁，它依然高冷地俯视着我等气急败坏的人类，好吧我错了我给你跪了……毕竟我们是要长期相处的，乖。一个晚上下来我只安装了PS、PR等其他软件都还尚未落户，一颗心已经苍老不止十岁。

后来，我们渐渐有了感情，我却惊喜地发现，亲爱的你告诉我USB插口接触不良不是你这种新货会有的毛病！你告诉我为什么做出来的图色差这么大？作为一个立志要在猴年马月画出一只Q版男神的人，数位板和电脑连接接触不良动不动就不能画是一件多么痛心疾首的事情！

于是我终于忍不住带着“下雨天”去它的娘家……请告诉我为什么重装一个系统需要一百一十元！请告诉我为什么回来后它没有变得更好！请告诉我为什么联系了重装系统的人远程帮我设置一个声音他就不理我了！请告诉我……为什么我的软件们又不能平安地安家落户了……

自从把“下雨天”带回来到现在，一颗心已经伤痕累累，累得连哭都哭不出来了，不想再理会就关了，躺床上闭眼怎么也睡不着又头痛到想吐，干脆就醒着然后深夜和人瞎扯。原本气到要爆炸的心就在那三四个小时里消磨掉了，坑就坑吧反正我也不是第一次被坑了，第二天醒来就去找那个人讨个说法的想法也作罢了，傻的是我啊，怪得了谁。

凌晨五点睡过去，八点起来，洗漱完的时候恰好寝室长在和三十几个人抽奖，突然大喊了一声：“天啊许阿泡抽到你了！”吓得我差点没魂儿。接着安装软件们，咦？都一路平安地安装下来了；刷微博看到娑罗双树的微博评论了一句结果竟然被她翻牌子了；下午抽作业也抽到了不难的题目；毕业设计要联系的老师竟然也同意了当我的指导老师……运气在一天内爆表，简直不可思议。

福祸相依是能量守恒的不变定律，大概吧……不管你们信不信，我是信了的。

# 爱本是需要

沐　夏

外婆今年已有七十岁高龄，她身体不好，照顾不好自己，又老喜欢管这管那。我们担心她的身体，怕她太累，所以什么事也不让她做。外婆乐得清闲，整天没什么事做，就是坐在沙发上发呆，看电视，我们有时间就陪她去散步聊天，但她依旧不开心。很多时候我们都会看到她看着窗外发呆发愣，还经常对我们抱怨她要回老家。家里人有时候也会发愁，事事都顺着她，儿孙陪着她，这样都不开心，这老人想要什么啊？

后来我去我朋友家，看到了一个奇怪的现象。她在家，她父母也在家，都坐在沙发上看电视，都是她的姥姥在为我忙前忙后，端茶递水的一直都是老人家在忙着。我倒觉得不好意思了，便要起来想把水接过来，还没站起来就被朋友一把拉了下去。我顿时纳闷儿，还没开口问怎么了，只见姥姥已经端了茶过来。她接了过来笑嘻嘻地递给了我说："我姥姥泡茶可好喝了，我们家人都没有这个手艺，你快尝尝。"然后她撒娇一样地跟姥姥说："姥姥，帮我削一个苹果嘛。"姥姥皱起了眉头看着她一脸严肃的样子："这种小事都不自己干怎么可以？"她应承着："好好好……"但仍然没有动手。我实在是一头雾水。这个朋友在圈儿里是出了名的孝顺，和我们出去吃个饭都会想着这个菜我家谁谁喜欢吃，可现在这么任性的样子的这个人又是谁啊。

姥姥给她削了一个苹果，还顺道给我们也削了，切成小块做成水果拼盘放在茶几上，招呼我吃。我不好意思地连声道谢，她爸妈也是一脸笑意地看着，顺手拿过牙签叉着吃，我觉得有些茫然不解。

在我家如果我叫外婆做这些事估计会被爸妈好一顿中华民族传统美德的传承教育。可是在这里，似乎让老人帮年轻人做一些事成了理所当然的现象。

吃完晚饭后也是姥姥洗的碗，收拾的碗筷。而他们坐在沙发上看电视。我回去的时候是朋友送我出来的，我心里憋着问题一路上都没有和她说话。

快到分岔路口了，她才笑着看我："觉得很奇怪吧。"我知道她指的是什么，原本心里就奇怪便点了点头。

"我的姥姥，她是乡下来的，一直都是忙忙碌碌习惯了。我姥爷去世之后，她的身体也渐渐不行了，我们就把她从乡下接了过来照顾。她一直住在乡下，学不会城里老人跳的那些广场舞。说的话也是一口土乡的味道，聊天的人除了我们也没有其他人了。一开始我们担心她的身体什么也不让她做。时间久了我才发现姥姥越来越沉默寡言了。有一次我半夜起来上厕所发现姥姥房里还开着灯，然后听见她说'老头子啊我什么都干不了了，什么时候也寻了你去吧'。"

她说着眼里已经有了亮闪闪的东西："我那个时候知道了，姥姥她觉得自己是我们的累赘，来到我们身边什么事都不让她干她一点儿也不开心。所以我们后来时常会让姥姥帮我们做一些她能做的事。"

你有没有这样的感觉。在一个什么都不需要你做的地方，有人照顾你，关心你，陪着你可还是觉得自己一无所用，看着周围的一切觉得茫然若失。在一个即使完全没有你也可以好好继续的家庭：生活都没有了任何意义。

我到家时外婆还是坐在沙发上发着呆，我笑了，走到她面前撒娇，"阿婆，我想吃你炒的玉米花。"我妈瞪我一眼放下手上在织的毛衣就要起身，"想吃我去给你炒，叫你阿婆干吗？"外婆却是难得地笑了，回头训斥我妈：“干吗啊，她想吃我炒的。我炒了这么多年了，比你炒的香得多。”说着她便赶忙起身走进厨房。

我看着她有些迟缓的忙碌但很开心的身影有些感慨自己的迟钝。

在这个世界上， 每一个人都需要做一些事情来证明自己的价值。不管什么时候，都需要这样一份存在感，让你知道自己活在这个世界上的意义。老人也是一样，很多时候她们需要的不仅仅是老有所依，也需要一份老有所用的价值感。

# 回家的距离

米　程

高二时看徐璐的文章，犹记得一个画面，“风萧萧兮”的中秋夜晚她不再犹豫，果断跳上回家的最后一班列车。从此，我也渐趋这样，想走就走，不再踯躅。

对于一个在外读书的人来说，最幸福的莫过于，坐包车直达家门口。一整辆车上都是从小生活在我们那个小县城的同学，摇摇晃晃，欢乐或安静。这次，旁边坐的是很久没见的朋友言言，依旧蓄着齐刘海儿，乌黑长发自然垂落肩上，笑容可爱，散发着刚刚好的文艺气息。一坐下来，她马上递给我一个麻薯馅饼，厦门特产。



简单聊了几句，两年过去了，我们照例讨厌大巴车的味道。戴上口罩，摸索出耳机，塞进手机的插孔里。车的引擎声轰轰响，整装待发。车窗外，纵子师兄单手骑着山地车，另一只手举着画，紧赶慢赶出了校门，终于把画交到了负责人手里。他消瘦了很多，据各种小道消息，他是本市一个很受欢迎公众号的创始人，除此之外，他没日没夜地画完我们学校的全景地图，独家制作了一千份。

此时与我隔着一层玻璃的他，以前饭桌上老说段子的他，这之间，仿佛有时光的灰尘一串一串地扑簌簌摇摆下来。目送他离开，我拿过言言跟他要的卷画，拉开系绳，摊开，棕黄色的牛皮纸，藏宝图的即视感。学校的每一处一览无余，勾勒的线条优美，点缀的色调交融。心脏细微地颤栗了几下，他曾笑称自己是臭画画的。只是，洒在这里面的汗水一个大缸装得了吗？他有一个家要支撑，但他未牺牲半点梦想。

车开始启动，我闭上眼睡觉。耳朵里的歌，心里的情绪，相辅相成。这周忙实验忙作业忙家教，一回到宿舍洗漱完就在床上“躺尸”，面膜都懒得敷。

奶奶说我六天没给她打电话。在无数个奔跑的间隙，我曾拿起手机又放下，我设想过最坏的景象。

六天前，我们通话，说起她的老毛病又犯了，可能又要去医院。距离千里，不在奶奶身边，终归不能感知她的疼痛。只能通过电磁波，傻傻地和她一起祈福，快点好起来，不用大老远去医院。事实是奶奶的身体没多少好转迹象，姑姑软硬兼施地劝导，那晚她答应去医院。差不多零点时，老妹在微信群上发了一张图片，是她的一页日记。点开放大来看时，鼻子忽然酸酸的，像极了被可乐呛到。奶奶舍不得家，一把抱过一旁蹦蹦跳跳的五岁的弟弟，哽咽着说，要听话，乖乖吃饭洗澡。正在帮奶奶收拾东西的姑姑和老妈眼眶红了又红。

宿舍里开着空调，我把后门关上。走进浴室，锁上门，水声哗哗，我蹲下去狠狠地哭了一场。

如今奶奶一天打九瓶点滴，除此之外她什么也没多说，很快挂了电话。她累了，她向来隐忍。

我的一路成长她都紧跟尾随，每想起一帧记忆的动画就眼泪汪汪，那些路被远远地甩在身后，再也回不去了。

我没有成为很厉害的人，给年迈的她一个肩膀。

我不知道我还能不能让她看到我变成熟，能赚好多钱，会照顾弟弟妹妹的样子。

言言碰了碰我肩膀，笑着递过来一张纸巾，里面有心疼的成分。我稍稍转头，接了纸巾，极力微笑，让她明白我收到了她的心意。

“想家啦？”

“嗯，是啊。”

“快到了，只剩二十多公里。”

“噢。”

纸巾的香味淡淡的，我擦掉眼角和眼底的泪痕。言言是那种我很想交的朋友，没有太过锋利的棱角，就是没来由的亲切。

车经过一片白杨树林，白杨树高大挺秀，小时候我老问奶奶它的名字。继而一畦畦绿油油的田地和连绵的大山映入眼帘，仿佛能呼吸到那清冽的空气。我换了首节奏鲜明的歌，没有任何余地思考，就这样一直到家。熟悉的街道，熟悉的幼儿园，熟悉的卖豆腐花阿叔。对了，阿叔旁边多了一位阿姨。见我驻足，她还兴奋地跟我介绍她刚包好热乎乎的粽子。

距离太长，走了太久也没关系啊，打开家大门的那一刻，就是好开心啊。一切事都裹上了星星点点的希望。

# 别动不动就跟风“致青春”

左　夏

《太阳的后裔》大结局了，这部关注度堪比《来自星星的你》的造梦韩剧，我印象最深的却只有一句“套路玩得深，谁把谁当真”。没错，“套路”两个字显然已经成为朋友圈刷屏的热门词汇，与“宋仲基”“撩妹”等词汇的出镜率不相上下。

前阵子科比退役，一时间全世界都在致敬科比，但其中有多少是发自内心的真诚和崇拜，又有多少纯粹是在跟风“致青春”？

就连一些从来不看NBA也不懂篮球的妹子也纷纷发动态：“你永远是我心目中的追梦24号，退役只是另一个起点。科比，加油！”配图却是威尔·史密斯。甚至某些伪球迷还在转发《再见科比，青春仿佛因你而谢幕》的文章时说出“再见，一路走好，愿天堂没有病痛，致敬”这样的话，引得一众路人纷纷造句嘲讽。诸如“科比是我最喜欢的歌手，他代言的美白产品我一直都坚持在用”之类的段子也在微博上冒出来了……诚如某网友所言“突然间全世界都在为逝去的青春叹息，所有人都跟科比熟得好像拜了把子一样”。

即使在此之前从未看过NBA，甚至连全明星赛和季后赛的区别都还没搞明白，也能毫无违和感地参与到这场“致敬青春”的群情激昂的活动中。一方面是公众号和营销号争先恐后地蹭热点，及时推出各种各样的致敬青春致敬科比，以供朋友圈刷屏之需；另一方面是伪球迷们不明觉厉地去搜百度找配图，顺便合乎时宜地粘贴一句“即使出现第二个科比，我们也没有第二个青春去追随，永远的MVP，科比”。

又是一场借“情怀”渲染的哗众取宠的大众狂欢。

就像周杰伦结个婚，沉珂被曝还活着，小李子夺个奥斯卡小金人，每一次都会“套路式”地出现一大批“不明觉厉”的观众跟风感叹和缅怀，不管是否和自己的记忆挂上钩，都能心胸坦荡地“致我们终将逝去的青春”。而事实上周杰伦的十几张专辑里他听过的可能还不到十首，“沉珂还活着”的话题被顶上热门之前，他压根就不知道“沉珂”是谁，至于小李子究竟陪跑了多少届奥斯卡他更是完全没有关注过。

即使什么都不知道不了解，也依旧要跟风刷屏，仿佛不这样做就不能证明自己还活着一样。大家都不自觉地做着这些毫无意义的“从众行为”，甚至是身陷其中无法自拔。

就连《奇葩说》的辩手马薇薇也都忍不住在自己的微博上说了一句“科比虽然退役了，可他永远活在我们的朋友圈里！”——即使她本意只是想讽刺那些随意跟风“致青春”的人，却也因此引起了一些科迷的不满，毕竟这些毫无来由的调侃和戏谑对于真正的粉丝来说，无疑是在消解科比本身的球星光环。



况且科比也不可能“永远活在我们的朋友圈里”，最多只能“活三天”。分别是热点爆出、热点发酵和热点退热。大家的热情总是会恰如其分地“适可而止”，跟风欢呼雀跃之后，一切便又重归平静。直到下一个热点出现，又会条件反射般地“套路”出一个与众人无异的立场和感想，孜孜不倦地追求认同感和获得自我感动。

然而喧闹过后又能获得什么呢？不过是一场毫无方向的随波逐流。

亲爱的，你该学会不被大流所同化，也不被那些激昂的情绪所影响，从而失去自己的个性和判断。即使大家都在刷科比，你依然可以坦然晒你书桌上的小多肉，因为“科比”对你而言只是一个熟悉的名字，你并没有那么多关于他的青春记忆，也没有那么多不得不发的感慨，所以，别为了发动态而特意搜百度，真的没有这个必要。

在还可以诚心相待的年纪，千万不要习惯以套路去敷衍，否则在一点一点消磨别人对你好感的同时，也无形中给自己的心筑上了一堵越发厚重的墙。